ネイティブの使用頻度が高い
単語だけを集中マスター

いきなり英語がうまくなる100の英単語

パトリック・フォス
酒巻バレット有里

草思社

編集協力　岩崎清華
挿　　絵　にしむらかえ

🐾はじめに🐾

　英語ができるようになるには、どんな単語を勉強すればいいのでしょうか？　これは長年、日米で英語を教えてきた両著者が頻繁に受ける質問です。答えはとても簡単で、**「ネイティブによって使われる頻度が高い単語」**を学べばいいのです。ネイティブが普段からよく使っている単語がわかれば、会話やメールなど、実際のコミュニケーションに大いに役に立つはずです。限られた時間の中で効率よく英語を上達させるためには、まず覚える単語を吟味しなければならないのです。

　しかし、意外に思われるかもしれませんが、ネイティブによって頻繁に使われる英単語ランキングの上位1-1,000位の単語の多くは、すでにみなさんが知っているものばかりです。例えば、can, be, many, girl といった単語は、最近は小学校で習いますし、ほかの頻度の高い単語も中学校、高校で学習するものばかりです。つまり、日本人の多くは、意識していなくてもネイティブの使用頻度の高い重要な単語1,000語のほとんどを知っているということになります。

　では、なぜネイティブの使っている単語を知っているのに、英語がうまくならないのでしょうか？
　それは、これらの単語の中には、学校で習っていたとしても、1、2度出てきただけで、試験のために覚えたらすぐ忘れてしまったという、**見たことはあるけれども、文章の中で使われていると意味がはっきりしない単語**があるからです。また、簡単な単語でも組み合わさってイディオムになると意味や使い方がよくわからないこともあります。
　実は、こうした**ネイティブはよく使っているのに日本人にとってなじみが薄く誤解しやすい語彙**が、学習者の前に立ちはだかってボキャブラリー・ギャップを生み出し、英語の上達を阻んでいるのです。
　したがって英語上達に最も効果的なのは、**「ネイティブによって使われ**

る頻度が高い単語の中で、日本人になじみの薄い単語を学習すること」になります。

　ボキャブラリー・ギャップを生み出す語彙を重点的にしっかりと身につけることで、ネイティブとのコミュニケーションや新聞・雑誌の記事でわかる部分が増えたり、映画の聞き取りができるようになったりと、英語が急激に上達したと実感することができるはずです。

この本の特徴

　本書で学習する英単語は、読み書きまたは口語でよく使われているネイティブの使用頻度ランキング約1-1,999位程度レベルの重要単語の中から、とくに日本人になじみの薄い100単語を厳選したものです（このランキングはアメリカ、イギリス英語の書き言葉、話し言葉の「コーパス＝単語資料データ」に載っている単語を使用頻度の多い順に並べたものです）。

　さらに、本書ではより学習効果を上げるため、物語の中に100単語を組み込みました。ストーリーを読みながら語彙学習をすることにより、英語上達に必要なスキルを総合的に伸ばせるように構成されています。

　文章の中でその単語がどう使われているのか、ほかのどんな単語と一緒に使われることが多いのかを学ぶことで、出てきた状況を思い出すことができ、一つ一つの単語のイメージをより深くつかむことができるのです。

　本書のストーリーは、今はネコカフェで暮らす主人公のミクという白ネコが、仲間のネコに起きた事件をきっかけに、もとノラネコたちと思いがけず冒険に出る話です。何が起きるかわからない、ちょっと風変わりなこの冒険物語の展開は、きっと楽しんでいただけるに違いありません。

　物語は各章150語以内、時間にして10分足らずで読め、合計100章に分かれています。本書は辞書に頼らず理解できるよう工夫されています。ストーリーに出てくる単語のほとんどはすでに知っているものばかりで、未知の単語も文脈から簡単に意味を類推することができます。また、本書

では 100 のターゲット単語以外にも、ネイティブの使用頻度の高い単語を数多く使っているので、ストーリーを読み進めることで、さらにたくさんの単語の知識を身につけることができます。詳細は「本書の構成と使い方」（8 ページ）をご覧ください。

　さあ、ページをめくってミクと彼女の仲間たちと一緒に冒険の旅に出かけましょう！

2015 年 5 月
パトリック・フォス
酒巻バレット有里

CONTENTS

はじめに 3
Word List 7
本書の構成と使い方 8

🐾 Part 1　　　　　　　　　　　　　　　　　　　　11
"That's Our Cat!"

🐾 Part 2　　　　　　　　　　　　　　　　　　　　51
The Chase

🐾 Part 3　　　　　　　　　　　　　　　　　　　　87
Trapped

🐾 Part 4　　　　　　　　　　　　　　　　　　　　123
The King

🐾 Part 5　　　　　　　　　　　　　　　　　　　　167
The Bell Game

🐾 Part 6　　　　　　　　　　　　　　　　　　　　205
New Lives

ストーリー和訳 223
注と補足 254

Word List
~日本人がうまく使えないネイティブの英単語100~

absolutely [18]
account (for) [52]
actual [86]
additional [98]
admit [41]
afford [3]
annual [95]
apparently [31]
appropriate [83]
aspect [72]
associate [80]
assume [40]
attempt [25]
attitude [47]
aware [9]
basis [13]
behavior [37]
budget [2]
circumstance [88]
claim [5]
colleague [51]
commitment [94]
complex [75]
confirm [17]
consequence [32]
criminal [50]
currently [66]
define [91]
demand [16]
demonstrate [79]
deny [59]
depend [63]
despite [15]
doubt [46]

earn [1]
edge [34]
effective [74]
emerge [24]
ensure [48]
entirely [82]
establish [93]
estimate [35]
eventually [61]
exist [57]
extent [97]
extremely [22]
fair [70]
faith [96]
feature [99]
frequently [38]
gain [58]
handle [67]
hardly (ever) [12]
huge [20]
incident [60]
indicate [36]
insist [14]
intend [42]
investigate [100]
largely [89]
lean [69]
maintain [4]
means [87]
meanwhile [44]
notion [53]
obvious [28]
occur [39]
otherwise [23]

path [33]
potential [73]
presence [68]
prevent [19]
primary [71]
principle [90]
procedure [81]
rather [84]
realize [8]
recall [7]
recognize [6]
refer (to) [76]
relate [85]
relatively [49]
rely [64]
remind [10]
reveal [27]
seek [55]
settle [77]
significant [92]
slightly [62]
somewhat [30]
strategy [43]
stuff [65]
threaten [26]
throughout [45]
thus [11]
typical [29]
urban [54]
vast [56]
vehicle [21]
worth [78]

☆ abc順、単語の後の数字は、出てくる章の番号を示しています。

7

本書の構成と使い方

本書は全100章で構成されています。各章は、奇数ページ（右ページ）が150語前後の英文の物語で、その裏側（左ページ）に物語で取り上げた単語や表現の解説をしています。1つの物語には学習すべき「ターゲット単語」が1つ、また「注目表現」が1～2つ盛り込まれています。

各章の番号と「ターゲット単語」

「ターゲット単語」は太字で提示

下線部は「注目表現」

「ターゲット単語」の解説

「注目表現」の解説

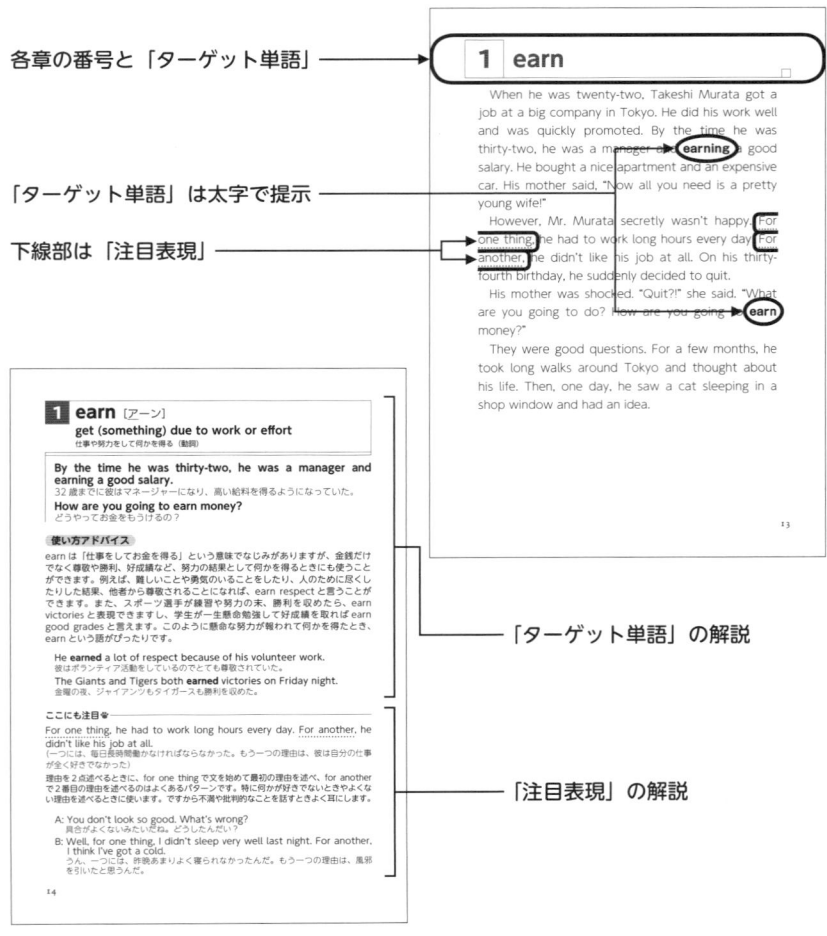

「ターゲット単語」について

　各章には学習すべきターゲット単語が1語ずつ含まれていて、各章に少なくとも2回は登場します。これらはすべて、ネイティブの使用頻度ランキング約1-1,999位レベルの重要単語です。このランキングはアメリカ、イギリス英語の書き言葉、話し言葉のコーパス（単語資料データ）に載っている単語を使用頻度の多い順に並べたものです。まず1章を辞書を引かず解説ページも見ないで、ざっと読んでみてください。7〜8割意味がつかめたら十分です。次に解説ページで、ターゲット単語の意味や使い方の説明、例文を読んで、ターゲット単語について理解を深めてください。

　また、解説ページのターゲット単語の横にはカタカナで発音の仕方を載せました。外来語読みやスペルに左右されることの多い「カタカナ英語」的な発音は避け、ネイティブの発音に近くなるよう書いてあります。下線部分がアクセントのある音で、一番強く発音します。F、L、R、V、THなどの発音は残念ながらカタカナ表記では正確に表現できませんが、単語のスペルにも注意しながら本書のカタカナ発音表記を読んでいただければ、ネイティブに通じる確率がアップするはずです。さらに、全文の正確な意味を確認できるよう、巻末にはストーリー和訳を英語の直訳に近い形で載せました。

「注目表現」について

　使用頻度が高くても日本ではあまり紹介されない表現を、各章2ページ目の「ここにも注目」で取り上げています。注目表現は、会話でよく使われる表現やイディオム・構文などで、実は簡単な単語で成り立っているのに、使いこなしにくいものを集めました。中には知らずに間違った使い方をしているものもあるかもしれませんが、物語の流れの中でこれらの表現を知れば、意味を簡単に理解することができるはずです。意味や使い方を例文つきで解説していますので、ここもしっかり読みましょう。注目表現もストーリーを通じて何度か違う章に登場するので、ストーリーを読みながら復習でき、表現を自分のものにするのに役立ちます。

☆本書には姉妹編『日本人に足りないネイティブの英単語100』があります。ネイティブの使用頻度ランキングで約2,000-2,999位レベルの重要単語を100語紹介しています。併せて学習することで、語彙力をさらに鍛えましょう。

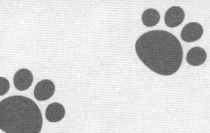

Part 1

"That's Our Cat!"

1 earn

When he was twenty-two, Takeshi Murata got a job at a big company in Tokyo. He did his work well and was quickly promoted. By the time he was thirty-two, he was a manager and **earning** a good salary. He bought a nice apartment and an expensive car. His mother said, "Now all you need is a pretty young wife!"

However, Mr. Murata secretly wasn't happy. For one thing, he had to work long hours every day. For another, he didn't like his job at all. On his thirty-fourth birthday, he suddenly decided to quit.

His mother was shocked. "Quit?!" she said. "What are you going to do? How are you going to **earn** money?"

They were good questions. For a few months, he took long walks around Tokyo and thought about his life. Then, one day, he saw a cat sleeping in a shop window and had an idea.

1 earn [アーン]

get (something) due to work or effort
仕事や努力をして何かを得る（動詞）

By the time he was thirty-two, he was a manager and earning a good salary.
32歳までに彼はマネージャーになり、高い給料を得るようになっていた。

How are you going to earn money?
どうやってお金をもうけるの？

使い方アドバイス

earn は「仕事をしてお金を得る」という意味でなじみがありますが、金銭だけでなく尊敬や勝利、好成績など、努力の結果として何かを得るときにも使うことができます。例えば、難しいことや勇気のいることをしたり、人のために尽くしたりした結果、他者から尊敬されることになれば、earn respect と言うことができます。また、スポーツ選手が練習や努力の末、勝利を収めたら、earn victories と表現できますし、学生が一生懸命勉強して好成績を取れば earn good grades と言えます。このように懸命な努力が報われて何かを得たとき、earn という語がぴったりです。

He earned a lot of respect because of his volunteer work.
彼はボランティア活動をしているのでとても尊敬されていた。

The Giants and Tigers both earned victories on Friday night.
金曜の夜、ジャイアンツもタイガースも勝利を収めた。

ここにも注目🐾

For one thing, he had to work long hours every day. For another, he didn't like his job at all.
（一つには、毎日長時間働かなければならなかった。もう一つの理由は、彼は自分の仕事が全く好きでなかった）

理由を2点述べるときに、for one thing で文を始めて最初の理由を述べ、for another で2番目の理由を述べるのはよくあるパターンです。特に何かが好きでないときやよくない理由を述べるときに使います。ですから不満や批判的なことを話すときよく耳にします。

A: You don't look so good. What's wrong?
具合がよくないみたいだね。どうしたんだい？

B: Well, for one thing, I didn't sleep very well last night. For another, I think I've got a cold.
うん、一つには、昨晩あまりよく寝られなかったんだ。もう一つの理由は、風邪を引いたと思うんだ。

2 budget

That was twenty years ago. Now fifty-four, Mr. Murata was the owner of the *Chateau du Chat*, a cat café in Tokyo. His customers paid him a small fee to sit and play with cats while they drank coffee or tea or ate simple meals.

It was a wonderful life. The café opened at eleven, so he could sleep in until nine. He never had to wear a necktie. He didn't have a boss—*he* was the boss! Best of all, he got to spend his days taking care of a variety of cats, which he loved doing.

Of course, he didn't earn a lot of money. And taking care of animals is expensive. As a result, he had a tight **budget**. He had to be careful about how much he spent each month and how many cats he had. His **budget** limited him to a maximum of twelve.

2 budget [バジェット]
a plan concerning how to spend a certain amount of money
ある特定の金額をどのように使うかという計画、予算（名詞）

As a result, he had a tight budget.
結果として、彼は厳しい予算でやりくりしていた。

His budget limited him to a maximum of twelve.
彼の予算では、多くて12匹飼うのが精一杯だった。

使い方アドバイス

budget は個人や家族など数人の集まりの予算から、企業、政府など大規模な団体が組むものまで、グループの大きさに関係なく使える単語です。「予算はいくらですか？」と尋ねる場合は、How much is your budget? よりも、What is your budget? を使うのがより自然です。予算内に収める、または超えてしまうときには、前置詞 under や over と一緒に budget を使います。come in や go と併用して come in under budget「予算内に収める」や go over budget「予算を超える」と言うこともできます。

A: I heard you want to buy a house. What's your **budget**?
　家を買いたいそうですね。予算はどのぐらいですか。
B: Between thirty and forty million yen.
　3千万から4千万円です。

Every year, the Japanese government goes over **budget**.
毎年、日本政府は予算を超過している。

ここにも注目

Best of all, he got to spend his days taking care of a variety of cats.
（一番いいことは、いろいろなネコの世話をして毎日を過ごせることだった）

best of all は3つ以上の理由を述べる際、最大の理由を締めくくりとして述べるときに使うフレーズです。2つしか理由がなくて、後の理由の方が重要な場合は even better で始めるとよいでしょう。

A: This movie is great!
　この映画すごくいいね！
B: I totally agree. The story is exciting, the characters are interesting and, best of all, the special effects are excellent.
　まったくだね。ストーリーは面白いし、登場する人物も興味深い。そして一番の理由は、特撮が素晴らしいことだね。

3 | afford

In other words, Mr. Murata could **afford** to take care of a dozen cats at most. However, at the moment, there were twenty-one living at the café. He knew it was his own fault. People often brought him abandoned cats, and he didn't like to turn them away. But twenty-one was way too many. Even though it was only May 16th, he was already over budget for the month. He could not **afford** to go on this way. He had to find new homes for some of his cats, and he had to do it soon.

3 afford [アフォード]

be able to pay for or do without much trouble
あまり苦労なく金銭を使ったり何かすることができる、余裕がある（動詞）

> **Mr. Murata could afford to take care of a dozen cats at most.**
> 村田氏はせいぜい 12 匹のネコの世話をする余裕しかなかった。
> **He could not afford to go on this way.**
> 彼にはこの調子で続けていく余裕はなかった。

使い方アドバイス

afford は 1 章の earn と同じく、使いにくいと感じる人が多いようです。これは afford が、経済的な話題にとどまらず、さまざまな文脈で登場するからかもしれません。afford はあまり犠牲を払わずに時間や労力を割くことができるという意味です。例えば、あまりトラブルなく、仕事を休むことができる場合は I can afford to take a day off. と言えます。お金に関して使う場合は can [could] と併用することが多く、「～する経済的余裕がある」という意味になります。十分な費用がない場合や、値段が高すぎて手が届かないという場合には、can't afford と否定文で使います。また何かするのが大変だと憂慮する気持ちを表すときにも can't afford を使うことができます。

> Husband: Let's take a trip to Italy this summer!
> 夫：この夏イタリアに旅行しよう！
> Wife: That sounds great, but . . . can we **afford** it?
> 妻：すてきだけど……そんなお金あるかしら？
>
> I can't **afford** to lose any time at work right now. I'm too busy.
> 職場で時間を無駄にしている余裕がありません。忙しすぎるんです。

ここにも注目 ♣

But twenty-one was way too many. (でも、21 匹はいくらなんでも多すぎた)

くだけた会話では way を too の前、または形容詞の比較級の前につけて、「～すぎる」と強調できます。ストーリーでは 21 匹という数が「多すぎる」と強調しています。

> Daughter: You should buy this necklace for Mommy. It's beautiful!
> 娘：このネックレス、ママに買ってあげるべきだよ。きれいだよね！
> Father: It's beautiful, but it's also way too expensive.
> 父：きれいだけど、あまりにも高すぎるよ。

4 | maintain

That morning, a warm summer day, Mr. Murata sat down at his computer and opened up the Internet. He **maintained** a website for the *Chateau du Chat*. On this site were pictures of all of his cats, their names, and important information about them. He tried to update the site often in order to **maintain** interest in the café. The website also helped him find new owners for cats or bring owners and lost cats together. Every so often, someone emailed him about one cat or another.

Like today, for instance.

4 maintain [メインテイン]
keep (in good condition)
（よい状態を）維持する、保つ、管理する（動詞）

He maintained a website for the *Chateau du Chat*.
彼はシャトー・ドゥ・シャのウェブサイトを管理していた。

He tried to update the site often in order to maintain interest in the café.
彼はカフェへの興味を維持するために、サイトを頻繁にアップデートするようにしていた。

使い方アドバイス

動詞 maintain の名詞形 maintenance は、「メンテナンス」という外来語としてなじみがあります。ただし、日本語では家屋や車など高価な物や機器類の修理や保守作業を表すのに対して、英語の maintain は、建物や機械に限らず、物や人などについても使うことができます。例えば、国同士の関係を友好的に維持するというニュース記事に maintain が使われることがあります。また、well もしくは poorly などと併用して、維持の状態を説明することもあります。

The prime minister said that he wants Japan to maintain a good relationship with the United States.
首相は、日本が米国との友好関係を維持することを望んでいると発言した。

This car is old, but it has been well maintained.
この車は古いけれど、いい状態で維持されているよ。

ここにも注目

Every so often, someone emailed him about one cat or another.
（たまに、だれかが特定のネコについてメールを送ってくることもあった）

「時々」「たまに」などの訳として sometimes は多用されがちですが、every so often は代わりに使えるネイティブらしい表現です。ニュアンスはほとんど同じですが、every so often は sometimes より回数が若干少ないときにも使えます。例えば何かを週1、2回するなら sometimes も every so often も使えますが、2週間に1回ぐらいの頻度なら sometimes とは言いがたく、every so often の方が適しています。ちなみにイギリス英語に ever so often という表現がありますが、これは「頻繁に」という意味です。

A: **Every so often, I like to go to Starbucks and have café mocha.**
たまに、スターバックスに行ってカフェモカを飲むのが好きなの。
B: **Me, too. I can't afford to go more than once a week, however; it's way too expensive.**
私も。でも1週間に1回以上は行けないけどね。高すぎるから。

5 | claim

Today, there was an email from a woman he didn't know. She **claimed** that one of the cats at the café was hers. She was going to stop by to pick it up that morning. Just over an hour from now, in fact.

"Well," Mr. Murata thought, "that's one less cat to worry about." He hoped the woman had some proof that the cat was really hers. But it probably was. He was glad that it wasn't his favorite cat. Mr. Murata often **claimed** to his customers that he liked all of the cats at the café equally, but this wasn't really true. There were usually two or three that he liked more than the others. Right now, his favorite was a cute white cat that had been found under a train with two others several months ago.

Her name was Miku.

5 claim [クレイム]
say that something is true . . . but is it?
真相にかかわらず、あることが真実だと言い張る、主張する（動詞）

> **She claimed that one of the cats at the café was hers.**
> 彼女はカフェのネコの一匹が彼女のだと主張していた。
>
> **Mr. Murata often claimed to his customers that he liked all of the cats at the café equally, but this wasn't really true.**
> 村田氏はよくお客に、ネコはみんな同じように好きだと言っていたけれど、これは実際には事実ではなかった。

使い方アドバイス

claim は証拠の有無にかかわらず「真実だと言い張る」という意味です。「クレームをつける」と言う場合、英語では claim ではなく complain「不満を言う」を使います。また、claim は第3者を主語にして、だれかが何かを主張している、という文でよく使います。もし自分が claim する場合は、信じてもらうために真偽を証明する必要があります。あくまでも「発言の主張によれば」なので、日本語の「クレーム」同様、ネガティブな感じがあります。なお、名詞としての claim は、保険会社に損害賠償を請求するときなどに file a claim「賠償を請求する」という表現で用います。

> My dad **claims** that he has stopped smoking, but . . .
> 父はたばこをやめたと言っている。でも……。
>
> She **claims** to have been born in 1901. If so, she's 114 years old!
> 彼女は 1901 年生まれだと主張している。もしそうなら、114 歳ということになる！

ここにも注目🐾

"Well," Mr. Murata thought, "that's one less cat to worry about."
（「やれやれ」と村田氏は考えた。「心配するネコが一匹減るな」）

〈one less 名詞 to worry/think about〉というのは定型フレーズで、複数ある問題の一つが解決したときに用います。逆に問題が一つ増えた場合には、〈one more 名詞 to worry/think about〉と言います。

> A: Your car sounds strange. I think something is wrong with the engine.
> あなたの車は変な音をたてていますね。エンジンがおかしいんじゃないかな。
>
> B: Great. One more thing to worry about.
> 素晴らしい。問題がまた一つ増えたよ。（注：この Great. は皮肉として使われています）

6 | recognize

Miku, sleeping, was having a dream about salmon-flavored ice cream. Just as she was about to eat it, she woke up.

She was on top of a table in the *Chateau du Chat*, next to a large window. She looked outside. There were several people walking on the street in front of the café. Most of them were strangers, but she **recognized** one of them. He was a delivery man. He sometimes brought food. She wondered if he had any ice cream. As she waited, however, he got into his truck and drove away.

Oh, well.

Next, as she always did, she looked for Taka. She didn't really expect to see him. She wondered if she would even **recognize** him if he walked by. "A big cat" she thought. "Brown. Extraordinary blue eyes." That was Taka. But, sadly, little by little she was having trouble remembering his face.

6 recognize [リコグナイズ]
know based on previous experience
以前の経験に基づいて何かを明らかにする、認識する、わかる（動詞）

Most of them were strangers, but she recognized one of them.
ほとんどの人は知らない人だったが、一人は見覚えがあった。

She wondered if she would even recognize him if he walked by.
もし彼が通りかかっても、彼だとわかるか自信もなかった。

使い方アドバイス

recognize は「わかる」という意味だと知っていても、とっさに出にくい単語です。recognize には「多少の驚きとともに、何かに気づく」というニュアンスがあり、「予期せぬことに、はたと気づく」「未知の物の中に意外にも知っている物を見つけた」と言うのにぴったりです。また「後で認識する」という意味もあり、例えば、The CEO recognizes the need to pay workers more. 「社長は給料を上げる必要があることを認めている」のように使います。

A: Hi, Mr. Robertson! It's me, Keita!
　　こんにちは、ロバートソン先生！　僕です、啓太です！
B: Keita! Sorry, I didn't **recognize** you at first. You look so different!
　　ああ、啓太！　すまない、初めは君だとわからなかった。ずいぶん変わったね！

I recognized the sound of a motorcycle outside.
外の音は、オートバイの音だとわかった。

ここにも注目🐾

Oh, well. (なぁんだ、仕方ないな)

Oh, well. はがっかりした気持ちを表す口語表現です。日本語の「仕方がない」「しょうがない」というあきらめの表現に似ていますが、あまり深刻な事態には使いません。例えば雨でバーベキューが中止というぐらいなら使えますが、入試に不合格だったなどという深刻な事態には、90 章で紹介する There's nothing we can do about it. や It can't be helped. などを使いましょう。

A: Sorry, but I can't go to the movies with you tomorrow.
　　悪いけど明日映画に行けなくなっちゃった。
B: Oh, well. Maybe next time.
　　ああそう、仕方ないね。じゃあ、また次の機会に。

7 recall

Actually, Miku thought, little by little it was becoming harder to **recall** much of her former life at all. She had been abandoned on the side of a river by a little girl and her parents, but she couldn't **recall** where it was or who they were. Somehow she had found the house of a group of street cats. Life had been hard there, and it was Taka who had persuaded her to look for something better. He had led her and a few other cats on the long trip here, to Tokyo, in search of a new home.

Some of them had made it. But as far as Miku knew, Taka had never finished the trip. Trying to save her and two other cats, he had attacked a pair of dogs and been separated from the group. She had never seen him again. He was gone, probably forever.

7 recall [リコール]
remember
思い出す、過去の経験を覚えている（動詞）

Little by little it was becoming harder to recall much of her former life at all.
少しずつ、彼女の以前の生活のほとんどを思い出すこと自体が難しくなってきていた。

She couldn't recall where it was or who they were.
彼女にはそれがどこで、あの人たちがだれだったのか、思い出すことができなかった。

使い方アドバイス

recall は remember と同じように使えますが、recall には「過去の出来事を具体的に思い出す」「記憶から呼び起こす」という意味合いがあります。ですから、法廷や弁護士の登場する状況でよく耳にします。一方 remember は過去に限らず「これからも覚えておく」「忘れず〜する」という意味でも使えます。例えば I will always remember you.「あなたのことはずっと覚えています」とは言えても、I will always recall you. とは言えません。

Do you **recall** where you were last Thursday night at nine?
先週の木曜日の夜9時に、どこにいたか覚えていますか？

We had a good time **recalling** old memories during dinner.
私たちは夕食を囲んで、昔の思い出話をして楽しい時間を過ごした。

ここにも注目

But as far as Miku knew, Taka had never finished the trip.
（しかしミクの知る限り、タカは旅を終えることはなかった）

〈as far as 主語 know〉は、真偽のほどはわからないけれど、自分が知る限りは真実だと思っていることを言うときに使います。こういう場合、日本語では「〜だと思います」と言いますが、英語の I think は使いすぎると自信がないように聞こえるので as far as I know の方が適切です。

A: The concert tomorrow is free, right?
明日のコンサート、無料だよね？
B: Yes, as far as I know.
うん、だと思うよ。

As far as I know, you can bring your friend to the wedding.
私の知る限りでは、友人を結婚式に連れていっても構いません。

8 | realize

She **realized** how lucky she was. So many street cats had nothing. She had a warm place to sleep, good food to eat, and good friends. *Great* friends. One of them was Lulu, a pretty black cat with bright yellow eyes who was just now walking into the room.

"You're awake," Lulu said. She jumped up on the table and sat next to Miku. "Do you **realize** you've been sleeping virtually all day?"

"I like sleeping," Miku said.

"You can say that again," Lulu said. Then her voice became more serious. "Is everything okay? How are you feeling?"

8 realize [リアライズ]
understand completely
完全に理解する（動詞）

She realized how lucky she was.
彼女は自分がどれだけラッキーかわかっていた。
Do you realize you've been sleeping virtually all day?
ほとんど一日中寝てるってわかってる？

使い方アドバイス

realize も意味はすぐ言えても、会話では使いにくいかもしれません。7章のrecall と同じように、realize も限定された状況下で「わかる」という意味です。understand と同じように使えるときもありますが、相手がわかっていないと思うことを「わかっていますか、気づいていますか？」と尋ねるときや、理解していることを再確認する、という意味で使うのに適しています。

A: Are you really going to buy this photo book? It's 50,000 yen!
　　本当にこの写真集買うつもり？　5万円もするよ！
B: I **realize** that, but I still want it.
　　わかっているけど欲しいんだ。

I don't think you **realize** how angry Mom is right now.
お母さんが今どれだけ怒っているか、お前はわかってないだろう。

ここにも注目🐾

"You can say that again," Lulu said.（「本当よね」とルルは言った）
You can say that again.「(直訳) もう一度言えます」は、相手の意見に完全に同意する際の決まり文句です。特に最近では、同意する内容がネガティブな場合や下記の2番目の例文の状況のように、相手が何かを控えめに言った場合によく使います。

A: This is a really boring TV show.
　　これ、すごくつまらないテレビ番組だよね。
B: You can say that again. Let's watch something else.
　　全くその通り。別の見ようよ。

A: I think I've eaten a little too much.
　　ほんのちょっと食べ過ぎたような気がする。
B: You can say that again. You've had 14 pieces of pizza!
　　ちょっとどころじゃないでしょ。ピザ14切れも食べておいて！

9 | aware

Lulu was **aware** of something that no one else knew. Miku was pregnant. She was going to have kittens, and probably very soon.

"I feel okay," Miku said. "A little heavy."

"I'm not surprised," Lulu said. Then: "You still haven't told Hiro yet, have you?"

Hiro was the most special cat in the world to Miku. He was also about to become a father, but he didn't know it.

"Not yet," Miku said.

"You realize you need to do it soon, right? You could have kittens any day now!"

Miku laughed. "I'm **aware** of that! I guess I'm waiting for just the right moment."

A voice said, "The right moment for what?"

It was Hiro!

9 aware [アウェア]
have knowledge of
知識を持つ、わかる（形容詞）

Lulu was aware of something that no one else knew.
ルルはほかのだれも知らないことを知っていた。
I'm aware of that!
わかってる！

使い方アドバイス

aware は know に代わるレベルアップ単語です。I'm aware of that! は、相手の発言に対して「（言われなくても）わかっている！」と言いたいときに使い、I know that! や I realize that! とほぼ同じ意味です。ただし、形容詞の aware を使うには前置詞の of や that 節などを伴い、わかっている内容を示す必要があります。また、aware は「知っておいてください、注意してください」と丁寧にアドバイスするときにも使えます。

Please be **aware** that this area can be dangerous at night.
この地域は夜、危険かもしれないので注意してください。

A: Is your project going well?
君のプロジェクトはうまくいってるかね？
B: I think so. I'm not **aware** of any problems. We might even come in under budget.
ええ、だと思います。私の知る限りでは何の問題もありません。予算以下に収まるかもしれないぐらいです。

ここにも注目 🐾

You could have kittens any day now! （いつ子供が生まれるかわからないのよ！）

any day now は間近ではあるけれど、正確にはいつかわからない時期を表します。例えば9章のストーリーのように、出産日について使うのにぴったりの表現です。また、day を time「漠然とした時期」、minute「分」、second「秒」などに変えることもできます。

A: When is the company going to announce your promotion?
会社はいつあなたの昇進を発表するんでしょうね？
B: Any day now . . . I hope!
もうすぐだといいんですが！

Come on! The game will start any minute now!
早く！　試合がもうすぐ始まるよ！

10 remind

A serious-looking cat, Hiro was usually quiet. Neither Lulu nor Miku had heard him come in. He jumped up on the table, too. "So what's going on?" he asked.

"Oh . . . nothing," Miku said quickly. "Girl talk."

"Right," Lulu said. "You know, fashion, sweets . . ."

"Right . . ." Hiro said.

He didn't seem to believe them, but he didn't seem to mind, either. Sitting down next to Miku, he touched his nose to hers. She was **reminded**, again, of how important he was to her. Kind and gentle, he had cared for her more than any cat ever had.

"You're a great guy, you know that?" Miku whispered.

"Thanks for **reminding** me," Hiro whispered back.

Miku was aware of Lulu looking at her. She realized then that maybe the right moment to tell her news was now.

"Um, Hiro, by the way . . ." she said.

10 remind [リマインドゥ]
cause to remember or think about something
何かを思い出させる、考えさせる（動詞）

She was reminded, again, of how important he was to her.
彼女は自分にとって彼がどれだけ重要かを、また考えさせられていた。
"Thanks for reminding me," Hiro whispered back.
「思い出させてくれてありがとう」とヒロもささやき返した。

使い方アドバイス

remind は remember の代わりに使える単語で、recall とも似ています。例えば、I remember my grandpa when I see this book.「この本を見ると祖父を思い出す」は remind で言い換えると This book reminds me of my grandpa. となり、この方がネイティブらしい表現です。remind は「主語」（記憶を呼び起こす事象）＋ remind ＋ me など思い出す人＋ of ＋「思い出す内容」という語順で使います。また、remind は思い出したくないことを思い出してしまったときにも使います。

Can you **remind** me to call the doctor tomorrow?
医者に電話するのを忘れないようにって明日言ってくれる？

A: Remember when we went to Okinawa and it rained every day?
沖縄に行って毎日雨だったときのこと覚えてる？
B: Don't **remind** me. That was the worst trip ever.
思い出させないで。最悪の旅行だったんだから。

ここにも注目🐾

"Right," Lulu said. (「そう」とルルが言った)

Right. は That's right. の省略形で、確認や同意を端的に表すのに使います。なお、"Ri-i-ght."［ラアアイト］とゆっくり、のばして言うと、相手の発言を信用せず、皮肉を込めて「ああ、そう」と言うことになります。

A: We're having a meeting tomorrow, right?
明日は会議がありますよね？
B: Right. Three p.m.
ええ、午後3時です。

Student: I did my homework, but our dog ate it.
学生：宿題をしたんですが、ペットの犬が食べてしまったんです。
Teacher: Right . . .
教師：ああ、そうだったんだね……。

11 thus

Miku did not get the chance to finish her sentence. At that moment, two other cats walked in. One of them, known only as N, was Lulu's boyfriend. Tall and thin with a tough-looking face, N was not very popular with the customers at the café. **Thus**, Lulu was always worried that Mr. Murata would someday send him away.

The other cat's name was Kuro. He was black like Lulu, and he often had dark thoughts as well. Everyone thought this was strange, because he had lived almost his whole life at the *Chateau du Chat*—he had arrived as just a tiny kitten. **Thus**, virtually all his life he had been rich; what reason did he have to think negatively? None of the other cats could understand it, but Kuro was both dark and funny, so they liked him anyway.

11 thus [ザス]

as a result
結果として、それで、だから、そのために（副詞）

> **Thus, Lulu was always worried that Mr. Murata would someday send him away.**
> その結果、ルルは村田氏が彼をどこかにやってしまうのではないかといつも心配していた。
>
> **Thus, virtually all his life he had been rich.**
> だから事実上、彼の人生はずっと豊かだった。

使い方アドバイス

「結果」を表現する副詞 thus は、おなじみの as a result や therefore の代わりに使える単語です。少し改まった感じなので、書き言葉でよく使われます。また、thus は hence と同じく、時間についての表現としても使えます。hence は未来についての表現ですが、thus は過去について言及します。例えば thus far という語句は、過去から現時点までを指し、so far, until now「今のところは」に似た意味で使われます。

> **The number of people in Japan is gradually declining. This may lead to economic problems in the future. Thus, the government needs to think of ways to maintain Japan's population.**
> 日本の人口は徐々に減少している。この事は将来、経済的問題を引き起こす可能性がある。そのため、政府は人口を維持する方法を考える必要がある。
>
> **I've sold 5 cars thus far, but I need to sell 10 by the end of the year.**
> 今のところ車を 5 台売ったが、年末までに 10 台は売る必要がある。

ここにも注目

Miku did not <u>get the chance to</u> finish her sentence.
（ミクは言いかけた文章を終えることができなかった）

〈get the［または a］chance to 不定詞〉で、「～する機会がある」つまり「できれば～する」という意味で使います。the でも a でもよい場合がほとんどですが、する機会が一度しかない場合は the を使います。

> Wife: Can you wash the car when you get a chance?
> 妻：暇があったら車を洗ってくれる？
>
> Husband: Sure, no problem.
> 夫：もちろん。問題ないよ。

12 | hardly (ever)

N, on the other hand, was not funny at all. In fact, he **hardly ever** said anything. Looking at him now, Miku suddenly realized that even though she had lived at the café with him for quite a while (more than six months, although cats do not think of time in this way), she **hardly** knew anything about him. Why did Lulu like him so much? How had they ended up together? Even though she and Lulu talked all the time, N's name **hardly ever** came up.

It was mysterious. Still, Miku was glad that Lulu had found someone, and that all of them were so happy.

Well, all of them except for Kuro. "Look!" he said to all of them. "Look! Can you see it? I'm going to die any day now, I just know it."

12 hardly (ever) [ハードリー]
barely; almost never
ほとんど〜ない、めったに〜ない（副詞）

In fact, he hardly ever said anything.
それどころか、彼はほとんどしゃべらなかった。
She hardly knew anything about him.
彼については、ほとんど何も知らなかった。

使い方アドバイス

hardly は hard に似ていますが、意味はほぼ正反対なので要注意です。「今日、一生懸命仕事をした」と言うつもりで I worked hardly today. と言うのは NG です。hard は「固い、難しい」という形容詞ですが、副詞として「一生懸命に、すごく」という意味でも使えるので I worked hard today. が正しい文です。逆に hardly は「ほとんど〜ない」という意味です。hardly ever だと「ほとんど〜することがない」の意味になり、少しニュアンスが変わります。また、hardly には「やっと〜する、辛うじて〜する」という barely に似た意味もあります。

I'm so tired today. I **hardly** got any sleep last night.
今日はすごく疲れているんだ。昨晩ほとんど寝られなかったんだ。
My favorite basketball team **hardly ever** wins.
私の好きなバスケチームはめったに勝つことがない。

ここにも注目

N's name hardly ever came up.
（N の名前が話題に上ることはほとんどなかった）

come up は come up with「考えつく」と一語違いですが、「何かが（偶然）起きる」という意味です。特に「たまたま話題に上る」ときに使われ、話題にするつもりはなかったのに、と言い訳がましく説明する表現です。また、何か急用ができてしまったときの説明にもぴったりです。

A: So I was talking to Mrs. Yamada yesterday. Your name came up.
昨日、山田さんと話していてね。あなたの名前が出たのよ。
B: Oh, no. What did she say?
ええ、やだ。彼女何て言ってた？

A: You didn't come to the party yesterday. What happened?
昨日、パーティーに来ませんでしたね。どうしたんですか。
B: I couldn't make it. Something came up.
行けなかったんです。ちょっと用事ができちゃったもので。

13 | basis

"What are you talking about?" Lulu asked. She wasn't worried. Kuro often said he was going to die soon; he thought death was coming for him on a regular **basis**.

"Look at the top of my head," Kuro said. "Don't you see it?"

"See what?" Miku asked.

"The hair!" Kuro said. "The white hair! I'm already old! I'm going to die!"

Other cats, curious, came over to see what was going on. In no time at all, more than a dozen had gathered to look at Kuro's dark head.

"You're crazy," Hiro said. "You think you're old on the **basis** of one white hair?"

"And you don't even *have* a white hair," Miku said.

"Look!" Kuro said. "Right next to my left ear!"

13 basis [ベイスィス]
fundamental reason, system, or beginning
基本的な理由やシステム、根本（名詞）

Kuro thought death was coming for him on a regular basis.
クロは死というものは定期的に彼を襲ってくるものだと思っていた。

You think you're old on the basis of one white hair?
白髪一本を根拠に年寄りだって思うんですね？

使い方アドバイス

basis の派生語 basic「基本的な」は使いやすい語ですが、basis はほかの語と組み合わさり、いろいろな意味があるため少し手強い単語です。ですから、定型句としてひとまとめにして覚えましょう。例えばストーリー中の on a regular basis は often と同じ意味で、daily basis、monthly basis とすると、「毎日」「毎月」という意味になります。また on the basis は of や that 節をとり「〜のために」と理由を表すこともでき、because と同じとみなせます。なお、On what basis? は Why? と同じニュアンスの定型句です。

A: I don't think this is a good plan.
　これはいいプランだと思わないな。
B: On what **basis**?
　どういう理由で？

Our company accepts new proposals on a case-by-case **basis**.
我が社ではケースバイケースで新しい企画を受け付けています。

ここにも注目🐾

In no time at all, more than a dozen had gathered to look at Kuro's dark head.
(あっという間に、12匹を超えるネコがクロの黒い頭を見るために集まった)

in no time (at all) は「すぐに」「たちまち」という意味で、何かを作っているときや調理している場面などで、すぐ状態が変わるので注意を促したい場合によく耳にします。また、病気などあまりよくない状況にいる人に「すぐ回復しますよ」と元気づけたいときにも使います。

A: How long will it take you to finish this report?
　この報告書を書き終えるのにどのぐらいかかる？
B: No time at all. I'll get it to you by the end of the day.
　すぐできます。今日中にはお渡ししますので。
　(注：カジュアルな場面では in を省略して No time at all. と言うこともできます)

14 | insist

Kuro **insisted** that the white hair was there, but not one of the cats could see it.

"I'm telling you, there's no white hair," Lulu said.

"There is!"

"There isn't!"

He kept **insisting** he was right, so finally they walked in front of a mirror.

"See?" Miku said.

"I don't get it," Kuro said. "I saw it. I'm telling you, I did!"

"Maybe it fell out," one of the other cats said.

"You mean I'm going bald?!" Kuro said.

"Okay, calm down," Hiro said. "Take a deep breath. Even if you had one white hair, it hardly means you're old or that you're losing your hair. It happens sometimes."

"Has it ever happened to you?" Kuro asked.

"Well . . . no."

As they were arguing about it, the door to the café opened. Lulu glanced over and her eyes grew wide in shock.

"No," she whispered. "No, I don't believe it!"

14 insist [インスィスト]
say strongly, even when others think differently
主張する、ほかの人が違う意見を持っていても、自分の意見を強く言う（動詞）

Kuro insisted that the white hair was there.
クロは白髪があると言い張った。

He kept insisting he was right.
彼は自分が正しいと主張し続けた。

使い方アドバイス

insist は「相手が反対しても自分の意見を押し通す」という意味です。強い感じのする語で、人が頑固な様子を表したり、無理を言う場合に使います。ただし、いつもネガティブな印象とは限らず、相手が遠慮していても善意を押し通したい場合にも使うことができます。

The movie star **insisted** that someone put fresh flowers in her room every day, even when she was away on a trip.
その映画スターは、彼女が旅行でいないときでも毎日部屋に新しい花を生けるよう強く言った。

A: You've been so nice to me. I have a present I'd like to give you.
　私にすごくよくしてくださいましたね。プレゼントをお持ちしたんですよ。
B: You don't have to give me anything. I was happy to help.
　そんなお気遣いは無用ですよ。お手伝いできてよかったです。
A: No, I **insist**.
　いえ、ぜひプレゼントさせてください。

ここにも注目

"I'm telling you, there's no white hair," Lulu said.
（「保証するわ、白髪なんてない」とルルが言った）

I'm telling you. はターゲット単語の insist と関連させて覚えるとよい表現です。自分が言ったことを信じない相手に、「本当なのよ」と再度言い含めるときに使います。自分の言うことが正しい、または真実だという気持ちを強調するフレーズです。

A: He doesn't want to see you.
　彼はあなたに会いたくないそうです。
B: I just want to talk to him for a minute.
　ちょっと話すだけでいいんです。
A: I'm telling you, don't go in there. He'll only get angry.
　言ってるでしょう、入らないでって。彼は怒るだけですよ。

15 | despite

A woman had entered the café, along with a young boy. The woman began talking angrily with Mr. Murata. The boy began looking around. **Despite** his innocent-looking face, there was something about his eyes that made Miku feel afraid.

Lulu was more than afraid; she seemed panicked. "It's them!" she said.

"Who?" Miku asked. She didn't recognize either the woman or the boy.

"The family I escaped from!"

Lulu had been abused as a kitten almost every day. Finally, she had run away. Much of her life had been terrible, but **despite** everything that had happened to her, she was one of the most positive, kindest cats that Miku had ever known. Could her crazy family really have found her again?

"Are you sure?" Miku asked. "Why would they be here? You didn't live in Tokyo, did you?"

"It's them!" Lulu insisted.

15 despite [ディスパイト]
even though
〜にもかかわらず（前置詞）

Despite his innocent-looking face, there was something about his eyes that made Miku feel afraid.
その子は罪のなさそうな顔をしていたが、ミクは彼の目から不気味な何かを感じて、怖く感じた。

Much of her life had been terrible, but despite everything that had happened to her, she was one of the most positive, kindest cats that Miku had ever known.
彼女の人生は大半がひどいものだったが、彼女の身に起きたことにもかかわらず、彼女はミクが知るネコの中で最も前向きで親切なネコの一匹だった。

使い方アドバイス

despite は、ある事象の結果として当然起こるべきこととは反対のことが起きているとき、その2つの出来事をつなぐ単語です。例えば、太陽が照っているなら当然暖かいはずなのに実際は寒い場合、Despite the bright sunshine, it's cold outside.「明るい太陽の光にかかわらず、外は寒い」と言えます。なお、despite は前置詞なので、後に名詞などの語句が来ます。主語と動詞を伴う節をつける場合は despite the fact (that) で節をつなぎます。

Despite the fact that it's sunny, it's cold outside.
太陽が照っているにもかかわらず、外は寒い。

We decided to go hiking **despite** the bad weather.
悪天候にもかかわらず、ハイキングに行くことにした。

ここにも注目

There was something about his eyes that made Miku feel afraid.
(ミクは彼の目から不気味な何かを感じて、怖く感じた)

There is something about 〜 . は、説明できないけれど、何か直感で感じることがあると言いたいときに適切な表現です。語順を少し変えて There is something ... about 〜 . という言い方も可能です。

A: There's something about this contract that seems wrong to me.
この契約書のどこかが、何となく腑に落ちないんですが。
B: Me, too. Let's read it again.
私もです。もう一度読んでみましょう。

16 demand

The woman was accusing Mr. Murata of stealing Lulu.

"I emailed you this morning. My family just moved to Tokyo from Narita. We lost a cat there last year, the same cat I saw last night on your website! You took her, didn't you! I **demand** that you return her immediately, or I'm calling the police!"

Mr. Murata couldn't believe it. "Ma'am, I did not steal your cat. I—"

"Now!" the woman **demanded**.

"If you'll let me explain—"

"Mom!" the boy shouted excitedly. He pointed across the room. "There she is!"

He ran forward and picked up Lulu, who was trying to run up the stairs.

"Here, here!" his mother said. She had a special carrying case for animals. Together, she and the boy roughly put Lulu inside.

"Hey, wait a minute!" Mr. Murata said.

16 demand [ディマンドゥ]
order; insist
要求する、主張する（動詞）

I demand that you return her immediately.
彼女をすぐに返してください。
"Now!" the woman demanded.
「今すぐ！」と女性は要求した。

使い方アドバイス

demand は 14 章で紹介した insist と意味は似ていますが、より主張する度合いが強く、相手の意志を無視してでも自分の要求を押し通すという強引さがあります。ですから強い立場にある人が権威を使って何かするよう言うときに使います。ストーリーの女性のように強引に無理なことを言う場合以外は、日常会話で自分の主張を demand を使っていうのはまれです。もしだれかに言われたら、相手は怒っているので落ち着くよう説得する必要があります。

The police officer **demanded** that the men get out of the car.
警官はその男性らに車から降りるよう命じた。
I've been waiting for five hours! I **demand** to see a doctor right now!
もう5時間も待っているんです！　今すぐ医者に診てもらうことを要求します！

ここにも注目 🐾

If you'll let me explain—（ちょっと説明させてくれませんか——）

If you'll let me explain . . . は相手が興奮していて、自分の言うことを最後まで聞かないとき Don't interrupt me.「私（の発言）をさえぎらないで」という意味のソフトな表現として使います。explain を強く言って自分の言いたいことを続けるのが典型的です。仮定法の if 節に未来形は使えませんが、この表現は説明させてくださいという要求としての if 表現なので未来形を使って言います。

Wife: Who was that woman you were holding hands with?
妻：手をつないでいた女の人だれなの？
Husband: We weren't holding hands. She—
夫：手なんかつないでないよ。彼女は——
Wife: I saw you!
妻：私、見たのよ！
Husband: If you'll let me explain—she fell. I was helping her get back up. That's all. Really!
夫：ちょっと説明させてくれないか——彼女はころんだんだ。だから起き上がるのに手を貸していた。それだけさ。本当だよ！

17 confirm

"You can't just take that cat!" Mr. Murata said. "I need to **confirm** that she's actually yours!"

The woman threw some documents at him. These included photos of Lulu and ownership records. They all **confirmed** that what the woman said was true.

"It's ours all right," the woman said. "And we're taking it whether you like it or not! Do you know how worried we've been about this cat? My son cried and cried when it disappeared!"

Mr. Murata glanced at the boy. He was shaking the case that Lulu was in.

"Stop!" Mr. Murata said. "You're going to hurt her!"

"Don't shout at my son!" the woman shouted. "And stay away from us or I really will call the police!"

Then she turned around and pulled her son out of the café.

17 confirm ［コンファーム］
make certain (that something is true or correct)
確認する、あることが本当かまたは正しいことかを確かめる（動詞）

I need to confirm that she's actually yours!
彼女が本当にあなたのネコだっていうことを確認しなければなりません！

They all confirmed that what the woman said was true.
書類のあらゆる内容が女性の言っていることが正しいと証明していた。

使い方アドバイス

confirm は check と同じ意味だと誤解されがちですが、confirm にはストーリーのように、身元など確認する内容が正しいかどうか、別の物と照らし合わせて証明するという意味があります。ほかにも confirm は前に同意した内容を念のため確かめるときにも使います。例えば、I'd like to confirm ... で始めて、約束や予約の日時などの内容を確認できます。一方、check する場合は確認の内容が正しいかどうかは五分五分の感じです。

A: Can I **confirm** something? You said that your office number is 307, right?
　ちょっと確認していいですか？　オフィスは307号室だとおっしゃいましたよね？
B: Yes, that's correct.
　ええ、そうですよ。

I'd like to **confirm** that I'll be arriving at the station at 3 p.m.
予定通り、私が午後3時に駅に着くことをご確認願います。

ここにも注目 🐾

"It's ours all right," the woman said.
（「もちろん、うちのネコに決まってるでしょ」と女性が言った）

all right は「OK、大丈夫な」という形容詞句として使うことが多いですが、副詞として使うと truly「本当に」、definitely「絶対に」という意味になります。100％確信しているときのみに使う表現なので、少しでも疑いがあれば使うのを避けた方がよいでしょう。

A: Are you sure that's Kimiko? It doesn't look like her.
　あれ、紀美子だと本当に思う？　彼女に見えないけど。
B: It's her all right. I gave her that hat for her birthday.
　絶対、彼女よ。あの帽子、私が誕生日にあげたものだもん。

18 absolutely

When the boy took Lulu and put her in the case, the cats were so shocked that at first they did **absolutely** nothing. It was as if they were unable to move. They just watched as the woman and Mr. Murata argued. Even when the woman and her son turned to leave, the cats stayed **absolutely** still.

Then they heard Lulu cry "Help me!" from inside the case.

"LULU!" N shouted, and suddenly all the cats ran forward at once.

18 absolutely [アブソリュートリー]
completely; 100%
完全に、100%（副詞）

The cats were so shocked that at first they did absolutely nothing.
ネコたちはあまりのショックに初めは全く何もしなかった。

The cats stayed absolutely still.
ネコたちは完全にかたまっていた。

使い方アドバイス

absolutely は completely より少し強めの表現ですが、同義語ですから、多用しがちな completely の代わりに使ってみましょう。これらの副詞は、修飾する語のすぐ前に置くのが適切です。例えば、ストーリーのように nothing や still を強調したいときは、これらの語のすぐ前に置きます。The cats stayed still absolutely. という語順では意味は通じるものの、不自然な感じがします。なお、会話で意見や依頼の返答として Absolutely! と返事すると、完全同意や「もちろん、すぐやります！」という熱意を表すことができます。

A: Would you like to go out for yakiniku tomorrow?
　明日、焼き肉を食べに行きませんか？
B: **Absolutely**!
　もちろん行きたいです！

This is **absolutely** the best coffee I've ever had.
これは今まで飲んだ中で絶対、一番おいしいコーヒーですよ。

ここにも注目🐾

It was **as if** they were unable to move.
（彼らはまるで動くことができないようだった）

as if は like「〜のような」と同じように使われる表現で、It was like they were unable to move. と言っても同じ意味になります。as if と like の違いは、後に何が来るかです。as if の後には必ず主語と動詞を含んだ節を置きますが、like は節だけでなく語句も続けることができます。なお、一語で表すのが難しい感情などを説明するときに、it's as if または it was as if を使って比喩的に表現できます。

Doctor: What kind of pain are you feeling?
医師：どんな感じの痛みですか。
Patient: It's as if someone hit me in the stomach.
患者：だれかに腹部を殴られたかのようです。

19 prevent

In no time at all, the cats were at the door. When Mr. Murata realized what was going on, he tried to **prevent** the cats from leaving. He rushed to shut the door, but N, Hiro, Kuro, and Miku made it outside before it closed.

Mr. Murata couldn't follow them. He knew that if he opened the door again, the other cats still in the café would try to get out for sure. He had to **prevent** that from happening. All he could do was look out the window and hope that Miku and her friends would soon come back.

19 prevent [プリヴェント]
stop
防ぐ、止める（動詞）

When Mr. Murata realized what was going on, he tried to prevent the cats from leaving.
何が起きているか理解したとき、村田氏はネコたちが出て行くのを止めようとした。

He had to prevent that from happening.
彼はそれが起きるのは避けなければならなかった。

使い方アドバイス

prevent は場合によっては stop の代わりに使えるレベルアップ表現です。ただし、I stopped my bicycle. のように実際の物を止める場合には使えません。出来事が起こる前に「防止する」ときに、stop の代わりに使えます。〈prevent ＋出来事〉もしくは〈prevent ＋出来事 ＋from doing〉で「出来事が〜することを防ぐ」という意味です。

Nothing could have **prevented** the crisis, unfortunately.
残念ながら、危機を防ぐことはだれにもできなかった。

The new law is meant to **prevent** people from smoking in restaurants.
新しい法律は、レストランで人が喫煙することを防ぐために制定された。

ここにも注目🐾

He knew that if he opened the door again, the other cats still in the café would try to get out for sure.
（もし彼がもう一度ドアを開けたら、カフェにまだいるほかのネコも外に出ようとすることは確かだったからだ）

for sure は sure という語から想像できるように、surely「確かに」と同じ意味です。surely はつい使いすぎてしまう傾向があるので、ぜひ for sure も使って表現にバラエティを加えましょう。会話では質問に答えるときや相手に同意するときに、For sure. と単独でよく使います。

No one knows for sure if aliens have visited earth or not.
宇宙人が地球に来たことがあるかどうか、だれにも確かなことは言えない。

A: So are you coming over to help me tomorrow?
明日、家に手伝いに来てくれるつもり？

B: Yeah, for sure.
うん、もちろんさ。

Part 2
The Chase

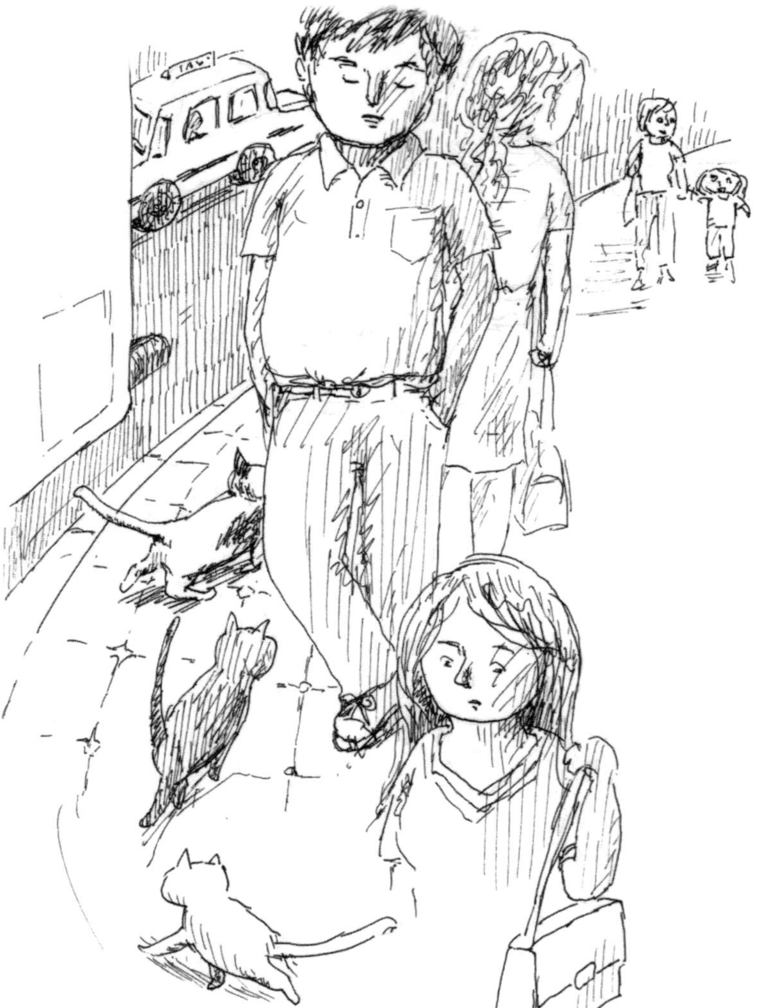

20 huge

Once they were out on the street, Miku had to stop for a second, her eyes wide. She had not been outside since arriving at the *Chateau du Chat*; she had only looked out the window. But the view from the window was limited, and she had forgotten how **huge** cars and buildings really were. Everything was so big! Enormous! It was noisy, too. She could hardly think. She wanted more than anything to run back into the café. What was she doing out here, anyway? This was all a **huge** mistake!

Panicked, she was about to run when she heard a voice she recognized. It was Kuro, and he was shouting: "Look!"

20 huge [ヒュージ]
very big; enormous
とても大きい、巨大な（形容詞）

She had forgotten how huge cars and buildings really were.
彼女は車や建物が本当はどんなに大きいか忘れてしまっていた。

This was all a huge mistake!
これはすべて大きな間違いだわ！

使い方アドバイス

huge はとても大きいと言いたいとき、very big の代わりに使える単語です。huge の同義語には、enormous もあります。huge は物の大きさだけでなく、ストーリーで使われているように、間違いなど抽象的な事象の深刻さも表現します。また、金額の大きさや人気のすごさも表すこともできます。

The government project cost a **huge** amount of money, much more than its original budget.
政府のプロジェクトには多大な額の費用がかかった。当初の予算よりかなり多かった。

The movie *Titanic* was a **huge** hit in Japan and around the world.
映画『タイタニック』は日本や世界中で大ヒットした。

ここにも注目

She wanted more than anything to run back into the café.
（彼女は何よりもすぐカフェに走って戻りたかった）

「彼女は本当に行きたかった」という文をどう訳しますか。She really wanted to go. や She wanted to go very much. が頭に浮かぶと思います。では、「彼女は本当に本当に本当に行きたかった」を訳したい場合にはどうでしょう？ She really really really wanted to go. もカジュアルな訳としては悪くありませんが、こういう場合に more than anything を使って She wanted more than anything to go. または She wanted to go more than anything. と訳すと「行く以外にしたいことは何もなかった」という、とても強いニュアンスが出せます。more than anything は文中、文末に置くことができます。

When I was ten years old, I wanted to be a pilot more than anything.
10歳のとき、私は何よりもパイロットになりたかった。

A: This concert is really boring. Do you want to go home?
このコンサートはすごくつまらない。帰りたい？

B: Yes. More than anything.
うん、すごく。

21 | vehicle

"Over there!" Kuro said. "On the road!"

All the cats looked. The woman and the boy were standing on the road, putting the case containing Lulu into a black **vehicle**. It looked like a car, but it had strange writing on the side and a light on top of it. The driver wore white gloves. (It was, of course, a taxi, but none of the cats realized this; they had never seen one before.)

"Help!" Lulu cried again.

The woman and the boy got inside, too. The door closed, <u>all by itself</u>, and the **vehicle** began to move.

21 vehicle [ヴィエコー]

any machine that can bring people or objects from place to place
物や人を乗せて移動するための機械、乗り物、車（名詞）

The woman and the boy were standing on the road, putting the case containing Lulu into a black vehicle.
女性と男の子がルルの入ったケースを黒い乗り物に入れようと、道に立っていた。

The door closed, all by itself, and the vehicle began to move.
ドアが自動的に閉まり、その乗り物は動き始めた。

使い方アドバイス

vehicle は乗用車やトラック、自転車、ボートや宇宙船まで、さまざまな乗り物を含みます。公式文書や発明品に関する記事、交通事故のニュースなどで、具体的な名称に代わる語としてよく用いられます。日常で頻繁に使われる言葉ではありませんが、警察や軍事関連の会話では一般的です。

Twenty vehicles were involved in a traffic accident on Friday night.
金曜の夜に起きた交通事故では、20台もの車が巻き込まれた。

Policeman: Sir, can you please step out of the vehicle?
警官：車から降りてください。

Driver: Okay. Did I do something wrong?
運転手：はい。何か僕、間違ったことしましたか？

ここにも注目

The door closed, all by itself, and the vehicle began to move.
（ドアが自動的に閉まり、その乗り物は動き始めた）

all by oneself には2通りの使い方があります。一つ目はストーリーのように「助けを借りずに」「勝手に」という意味で、機械が自動的に動くときや予期せず何かが起きた場合に使います。二つ目は、だれかが「単独で」何かできたので褒める、または「勝手に」何かしたので責める、という場合に使います。さらに、all by oneself は alone「一人で」の代わりにも使えるので、The old woman lived all by herself in the big house. 「老女はその屋敷に一人暮らしだった」と表現できます。

A: What's wrong?
どうしたの？

B: My computer! It just shut down all by itself!
パソコン！　勝手に切れちゃったんだ！

22 extremely

N, shouting Lulu's name, began to run after the taxi.

Hiro called after him: "Not on the road!"

The cats ran on the sidewalk, trying to keep the taxi in sight. It was **extremely** difficult. There were many people outside, so the cats had to run around them. Cars and trucks parked on the side of the road often blocked their view. Even worse, they soon became aware that the vehicle they were following was not unique. There were other taxis on the street which were **extremely** similar; in fact, they looked virtually alike.

Finally, the taxi was faster than they were. This was the biggest problem of all ... especially for Miku.

22 extremely [エクストゥリームリ]
very very
非常に、大変に (副詞)

It was extremely difficult.
それはとても大変なことだった。

There were other taxis on the street which were extremely similar.
道路には非常に似たタクシーがたくさんあった。

使い方アドバイス

very は英語学習者が乱用しがちな単語ですが、extremely のように似た意味の単語をいくつか覚えておくと、会話に多様性が出ます。extremely はよい意味でも悪い意味で「ものすごく」と極端な状態を表し、very より若干強いニュアンスがあります。

A: Wow . . . it's **extremely** hot outside!
　わあ……外すっごーく暑い！
B: NHK claims that the temperature right now is 37 degrees.
　NHK で今の気温は 37 度って言ってるよ。

The Center Test is **extremely** important for high school students.
センター試験は高校生にとって非常に重要だ。

ここにも注目

The cats ran on the sidewalk, trying to keep the taxi in sight.
(ネコたちは歩道を、タクシーを見失わないように追いかけて走った)

in sight は「視野に入れておく」「見失わない」というイディオムです。ストーリーのように文字通りの意味だけでなく、比喩的にも使えます。例えば、目標について話すときには「目の前にある」という比喩表現になります。また、よくない状況を改善したいのに、There is no end in sight. と言えば「終わりが見えない」ので「よくない状況が続きそう」という意味になります。

For the Giants, the championship is in sight. They only have to win one more game.
巨人軍にとって日本シリーズ優勝は目前だ。あと1試合勝つだけだ。

A: It's been raining for three days now!
　これで3日間、連続雨だよ！
B: I know, and there's no end in sight.
　そうだね。それにまだ続きそうだね。

23 otherwise

Miku was having a little trouble running. Due to her pregnancy, she couldn't move as fast as usual. And, despite the fact that they had been outside for only a few minutes, she was already extremely tired. Lulu was the only reason she kept going; **otherwise**, she absolutely would have given up.

Fortunately, there was a lot of traffic, and there were many strange red lights that seemed to have the power to make all moving vehicles stop. **Otherwise**, even the fastest of the cats would never have been able to keep the taxi in sight.

The cats ran and ran, staying as close to the taxi as they could. Then, all of a sudden, they lost it.

23 otherwise [アザワイズ]
if not; except (for that)
そうでなければ、それ以外では（副詞）

Lulu was the only reason she kept going; otherwise, she absolutely would have given up.
ルルのことだけを思って彼女は前進し続けた。そうでなければきっと、ずっと前にあきらめていただろう。

Fortunately, there was a lot of traffic, and there were many strange red lights that seemed to have the power to make all moving vehicles stop. Otherwise, even the fastest of the cats would never have been able to keep the taxi in sight.
幸い、道路の交通量は多く、またすべての乗り物を止める力を持っていると思われる奇妙な赤い光もたくさんあった。でなければ一番走るのが速いネコでさえ、タクシーを視界にとらえておくことができなかっただろう。

使い方アドバイス

otherwise という単語に苦手意識を持つ学習者も多いかもしれませんが、「例外」と「通常」の場合を比べて説明するための単語と考えるとよいでしょう。つまり、otherwise の前に挙げる状況が「例外」で、otherwise の後には「それ以外の場合」の内容を説明します。otherwise の後に説明する内容は、ポジティブな場合もネガティブな場合もあります。

If I'm still sick, then I won't be able to go to the event tomorrow. **Otherwise**, I'll be there.
もしまだ体調が悪かったら、明日イベントに行けないな。そうじゃなければ行くよ。

It rained a little after lunch, but **otherwise** it was a sunny day.
昼食の後、少し雨が降ったがそれ以外は晴れだった。

ここにも注目

Then, all of a sudden, they lost it.（だが突然、彼らはそれを見失ってしまった）

「突然、急に」の英訳としては suddenly がすぐ思い浮かびますが、all of a sudden は出にくいかもしれません。でも、ネイティブは all of a sudden を suddenly と同じニュアンスで、同じぐらい頻繁に使うのでぜひ使ってみましょう。

A: I feel sick all of a sudden.
急に気分が悪くなってきました。
B: Let's sit down for a minute.
じゃあ、ちょっと座りましょうか。

24 emerge

"I don't see it," Hiro said. "Do you?"

Kuro was looking wildly in every direction. "No!"

"Where is it?!" N shouted.

The cats waited, watching the road. All of them were thinking the same thing:

Was Lulu gone for good?

Just then, Miku glanced to the side and saw a black vehicle **emerge** from in front of a parked truck down the street.

"There!" she said.

The truck was huge—that was why they hadn't been able to see the taxi. They ran towards it, but then it stopped in front of a tall building. One of the doors opened all by itself again and the woman and the boy **emerged** from the car. The boy was carrying the case with Lulu inside.

They still had a chance!

24 emerge [イマージ]
become able to be seen
現れる、見えるようになる（動詞）

Miku glanced to the side and saw a black vehicle emerge from in front of a parked truck down the street.
ミクが横をちらっと見ると、道路の少し先に止まっているトラックの前から黒い乗り物が現れるのが見えた。

One of the doors opened all by itself again and the woman and the boy emerged from the car.
ドアの一つがまた自動的に開いて、女性と男の子が車から出てきた。

使い方アドバイス

emerge は難しそうですが、今まで隠れていた物や人、見えなかったことが「見える」ようになることだと考えるとわかりやすいです。例えば、企業や政府の極秘計画の詳細が後で明かされたら、The details of the plan later emerged.「計画の詳細が後で公になった」と言えます。また、知名度の低い選手が大事なサッカーの試合で２回ゴールを決め、人々が初めて彼の存在に気づいた場合には、He emerged as a top-class player.「彼はトップクラスの選手として頭角を現した」と言えます。特に emerge は書き言葉でよく使われます。

After new details **emerged** about the plan, it became unpopular.
その計画については新しい詳細が明らかになった後、不評となってしまった。

This TV drama has **emerged** as the top hit of the summer.
このテレビドラマは夏の随一のヒット作として浮上した。

ここにも注目 🐾

Was Lulu gone for good?（ルルは永久にいなくなってしまったのか？）

for good は forever と同じ意味のイディオムですが、good という語がつくにもかかわらず、ネガティブなニュアンスを持つことが多い表現です。何かが終わって悲しいときに使うのが典型的です。しかし、よくないことを永久に止めるという内容であれば、ネガティブなニュアンスはありません。

My favorite sushi place just closed for good. It's sad. I used to go there on a weekly basis.
お気に入りの寿司屋が永遠に閉まっちゃったんだ。悲しいよ。週１回のペースで通っていたのに。

My dad has quit smoking. This time he claims it's for good.
私のお父さん、禁煙することにしたんだ。今度は永久にやめるって宣言してる。

25 attempt

"What should we do?" Kuro asked. Filled with anxiety, he was walking back and forth as he watched the woman and the boy.

"I say we jump on them and bite them!" N said.

"Then what?" Hiro said. "What if we can't get Lulu out of that case?"

"I think we have to make the **attempt**!" Miku said.

"Let's do it!" Kuro said.

But they were already too late. The woman and the boy carried the case with Lulu into the tall building. The cats ran after them, but when they **attempted** to enter, an old man emerged from a corner and quickly pushed them all back outside. The woman and the boy disappeared behind a set of closing elevator doors. They were gone.

25 attempt [アテンプト]
try
試み（名詞）、やってみる（動詞）

> "I think we have to make the attempt!" Miku said.
> 「やってみましょうよ！」とミクは言った。
>
> When they attempted to enter, an old man emerged from a corner and quickly pushed them all back outside.
> ネコたちが中に入ろうとしたとき、老人が角から出てきて、すぐさま彼らを外に押しやった。

使い方アドバイス

attempt は名詞でも動詞でも同じぐらい頻繁に使われます。意味も名詞と動詞の違いだけで、「試す」という要素は共通なので両方紹介します。attempt は try に似ていますが、難しめのことをするときには attempt を使います。例えば、友人に電話をするぐらいなら try を使いますが、大会社の社長に初めて電話をかけた場合には、I attempted to call the president of the company. と言うのが自然です。ただし make the attempt というイディオムは、tryと同じ「やってみる」という意味になります。

> The Japanese and Chinese leaders met in an **attempt** to solve the crisis.
> 日本と中国の首脳は危機を乗り越えようと会合を持った。
>
> I'm going to **attempt** to take the TOEFL later this year.
> 年内に TOEFL を受けてみるつもりです。

ここにも注目🐾

"I say we jump on them and bite them!" N said.
(「飛びかかってかみついてやろう！」とNは言った)

英語で意見を言う際には in my opinion や I think で文を始めることが多いですが、会話では計画や行動について自分の意見を言う際に I say も使うことができます。

> A: What do you want to do for dinner? I say we go out for pizza.
> 晩ご飯何がいい？　ピザを食べに行くのがいいと思うけど。
> B: Sounds good to me.
> うん、いいね。

26 threaten

"Lulu!" N shouted. The cats immediately attempted to enter the building again, but the old man was waiting for them. Yelling, he picked up a mop and **threatened** to hit the cats with it. The cats didn't understand what he was saying, but his meaning was absolutely clear:

Stay out . . . or else!

The cats had no choice but to run away; otherwise, the old man was going to hurt them. Despite this, as soon as they were back outside, N insisted that they try again.

"No," Hiro said, "it's too dangerous."

N, angry, said, "Are you afraid?!"

"Yes!" Miku and Kuro said at the same time. Miku added, "You saw how he was **threatening** us. If we try to go in there again, he'll hit one of us for sure."

"We have to do *something*!" N demanded.

26 threaten [スレトゥン]
say or show a plan to do something harmful
脅す、怖がらせる、危害を加えると言ったり、そのような様子を見せたりする（動詞）

> **He picked up a mop and threatened to hit the cats with it.**
> 彼はモップを持ってそれでネコたちをたたこうとしていた。
>
> **You saw how he was threatening us.**
> 彼が私たちを怖がらせようとするの見たでしょう？

🐾 使い方アドバイス

threaten は個人の会話より、ニュースで見聞きすることの方が多い単語です。例えば、敵対国やテロリスト、法的な争いをしている人や企業に関する記事でよく登場します。深刻な気象状況が起きそうなときも The typhoon is threatening the south coast of Kyushu.「台風が九州南岸を脅かしている」といった文で表現できます。ひどく深刻な状況では、だれかに Don't threaten me!「私を脅さないで！」と言うこともあるかもしれませんが、こんなことを言ったり言われたりすることにならないよう気をつけたいものです。

> **North Korea often threatens to attack South Korea or Japan.**
> 北朝鮮はしばしば韓国や日本を攻撃すると脅してくる。
>
> **Kawaguchi threatened to stop buying our products unless we gave his company a bigger discount.**
> 川口氏はもっと割引をしないと、うちの商品を買うのをやめるって言ったんだ。

ここにも注目 🐾

Stay out . . . or else! (外にいろ……でないと！)

or else「さもないと」は threaten と一緒に覚えるとよい表現です。言う通りにしないと何か悪いことが起きることを、暗にほのめかしたいときに使います。

A: **Tanabe says we need to improve our sales or else.**
　田辺が、売り上げを伸ばさないとまずいことになるって。
B: **Great. One more thing to worry about.**
　それはいい。心配事がまた一つ増えた。（注：この Great. は皮肉として使われています）

A: **Kawaguchi is demanding we give his company a bigger discount.**
　川口氏は彼の会社に対してもっと割引しろって要求しているんだ。
B: **Or else?**
　でないと、どうするって？
A: **Or else he's going to stop buying our products.**
　でないとうちの商品を買うのをやめるって。

27 | reveal

N was right, and Miku knew that the problem was even worse than he realized. Lulu had talked to her occasionally about her past, and about what her family—and especially the boy—had done to her. She had **revealed** things to Miku that she hadn't told anyone else. The boy was truly a terrible child.

Miku didn't want to **reveal** what she knew to N; he was worried enough already. But if there was one thing she was sure of, it was that Lulu needed help fast.

Hiro sensed her anxiety. "Let's all just calm down," he said. "We're going to get Lulu out of there somehow."

"How?" Kuro asked.

"I don't know yet," Hiro said. "First, we have to find a way in."

27 reveal [リヴィール]
show or tell something previously hidden
初めは隠れていたものを見せたり伝える、明らかにする（動詞）

> **She had revealed things to Miku that she hadn't told anyone else.**
> 彼女はほかのだれにも話していないこともミクに打ち明けていた。
>
> **Miku didn't want to reveal what she knew to N.**
> ミクは N に自分が知っていることを言いたくなかった。

使い方アドバイス

reveal は書き言葉でよく使われる単語で、新聞記事に頻繁に登場します。特に何らかの秘密が明かされたときや新情報を共有するときに使うのが適切です。ただ単に tell や say と書く代わりに reveal を使うと洗練された文章になります。また、reveal を受け身で使うと、24 章で紹介した emerge とよく似た意味になります。

> The scientist **revealed** the results of his research to the media.
> その科学者は自身の研究結果をメディアに明かした。
>
> Last week, details about the new plan were **revealed**.
> 先週、新しい計画についての詳細が明かされた。

ここにも注目🐾

But if there was one thing she was sure of, it was that Lulu needed help fast.
（でも、彼女が確信していることがあるとすれば、それはルルが早急に助けを必要としているということだった）

少なくとも確信している点が一つある、と意見をはっきり言うときに使う表現です。例えばディベートのとき、ほかの点については相手が正しいかもしれないが、この点については私は確信がある、と述べるのに使います。また、冗談を言ったりするときにも使えます。

> A: I don't know much about economics, but if there's one thing I'm sure of, it's that things are getting more expensive these days.
> 経済学についてはよく知らないけど、わかっていることがあるとしたら、最近物価が上がりつつあるということだけです。
>
> B: You can say that again.
> 全くその通りです。

28 obvious

It was **obvious** that they couldn't go in through the front door. They could see the old man watching them from a window. Even his face seemed threatening.

The cats walked around to the back of the building. There didn't seem to be an **obvious** way in here, either. There was a door, but it was closed. Unlike the front door, it didn't open by itself.

"Well, that's no good," Kuro said.

There were no other doors that the cats could see. Looking up, they could see a wall, then space, then another wall, then space, then another wall, then space . . . all the way to the top. Walls and empty spaces . . . the cats thought it was all extremely strange.

"What *is* this place?" N asked.

28 obvious [アーヴィアス]
clear; able to be seen or understood easily
明らか、簡単に見えたり理解しうる（形容詞）

It was obvious that they couldn't go in through the front door.
彼らが正面玄関から入れないのは明らかだった。

There didn't seem to be an obvious way in here, either.
ここにも明らかな所に入り口はなさそうだった。

使い方アドバイス

実際目に見えるものを obvious「明白な」と言っても誤解の余地はありませんが、考えや抽象的なことに対して、ある人にとって明白でもほかの人にはそうでないことを obvious と言うと偉そうな感じに聞こえます。ですから I think を前に置いて obvious と言うと発言内容が事実ではなく、個人の意見にすぎないことを伝えることができます。また、複雑な問題については明らかな解決法がないことが多いので、否定形と一緒に obvious を使うこともよくあります。

He's so pale! I think it's obvious that he's sick.
彼の顔色はすごく悪い！　病気なのは明らかだと思う。

I don't think there is an obvious solution to this problem.
この問題には明白な解決法があるとは思いません。

ここにも注目

"Well, that's no good," Kuro said.（「ふむ、これはまずいな」とクロは言った）

That's no good.「全然よくない、まずい」をよく使うのは、次のような状況です。（1）ストーリーのように、考えた問題解決法がうまくいかない（2）提案された考えがうまくいかないとわかっている（3）だれかの状況や問題が深刻で同情する、という状況。

A: **Let's make a cheesecake for Marie's birthday.**
満里恵の誕生日にチーズケーキを作ろうよ。
B: **No, that's no good. She's allergic to milk.**
いや、それはだめ。牛乳アレルギーだもの。

A: **Ryosuke's grandmother had to go to the hospital yesterday.**
亮介のおばあさんが昨日、入院したんだって。
B: **That's no good. Is she okay?**
それはよくないね。大丈夫なの？

29 typical

The cats didn't realize it, but the building they were looking at wasn't strange at all; in fact, it was extremely **typical**. It was a high-rise apartment building. It had twelve floors and contained sixty apartments; there was nothing unusual about its size. It was brown—a standard color. Even the name of the building was **typical**; it was called the "Grand Court."

On the south side, where the entrance was, were all the balconies. On the north side, where the cats were now, were the outside hallways, outside stairs, and the apartment doors. However, from the cats' position, which (of course) was very close to the ground, they could not see any of these things. Looking up, all they could see were walls and what looked like empty spaces.

It was a puzzle, initially. But Hiro soon had an idea.

29 typical [ティピコー]
usual
典型的な、普通の（形容詞）

The building they were looking at wasn't strange at all; in fact, it was extremely typical.
その建物は全く変わってなどいなかった。実際、極めて典型的な建物だった。

Even the name of the building was typical; it was called the "Grand Court."
建物の名前もごく普通で、「グランド・コート」という名だった。

使い方アドバイス

typical「典型的な」は、a typical day「（何も変わったことのない）普通の日」や a typical meal「（よく食べる）ありふれた食事」のように使います。typical は多くの場合 usual の代わりに使えますが、会話で typical を使うと「ありふれた、ありきたりの」というネガティブな響きになることが多いです。なお typical の反意語は untypical ではなく atypical [エイティピコー] です。

A **typical** day in August is sunny and hot in Tokyo.
東京の８月の典型的な日は晴れていて暑い。

A: Kenichi sent me a message. He's going to be late.
健一がメールしてきたよ。遅れるって。
B: **Typical**.
まったくいつもどおりだな。

ここにも注目🐾

There was nothing unusual about its size.
（その規模に変わった点など何もなかった）

There is nothing + 形容詞 .「〜なことは全くない」の表現は、〈nothing + 形容詞〉の部分に注意が必要です。例えば There is nothing wrong with his idea.「彼の考えにおかしな所はない」は、彼の考えが正しいわけではないし、彼の考えに同意しているわけでもありません。nothing wrong「おかしな所がない」= right「正しい」ではなく、ただ単に彼の考えが間違っていると言っているわけではない、という意味にすぎません。

A: Kenichi's new girlfriend has green hair!
健一の新しい彼女って、髪が緑なんだよ！
B: So? There's nothing wrong with that.
だから？ それ自体、間違っているわけじゃないよ。

30 somewhat

"Look at that wall over there," Hiro said. "It's not as high as the others."

The cats walked over to take a look. Hiro was right. The wall was **somewhat** high, but the others were definitely higher.

"Do you think it's jumpable?" Kuro asked.

"There's only one way to find out," Hiro said.

"I'll go first," N said.

He ran a few steps and jumped up. At first it looked like he wasn't going to make it, but he did.

"It's **somewhat** difficult, but it's doable," he said. "There are steps on the other side. Come on!"

30 somewhat [サムワット]
a little
少し、いくらか（副詞）

The wall was somewhat high, but the others were definitely higher.
壁は高いことは高かったが、ほかの壁は確実にもっと高かった。

"It's somewhat difficult, but it's doable," he said.
「ちょっと難しいが、できなくはない」と彼は言った。

使い方アドバイス

「少し」の訳語としては a little が乱用されがちですが、レベルアップ単語として somewhat を覚えましょう。たいてい後に形容詞を取りますが、最近では somewhat of として名詞を後に置くことも多くなっています。

A: Are you hungry?
お腹すいてる？
B: **Somewhat**. But we don't have to eat now. I can wait.
まあね。でも今食べなくてもいいよ。待てるよ。

It's become **somewhat** of a habit for me to eat dessert after lunch.
昼食の後デザートを食べるのが、ちょっとくせになってるんだ。

ここにも注目

"Do you think it's jumpable?" / "It's somewhat difficult, but it's doable."
（「飛び越えられると思うか？」／「ちょっと難しいが、できなくはない」）

動詞に -able という接尾辞をつけると「〜できる」という意味の形容詞になることは、知っている人も多いと思います。burnable, drinkable, doable などは辞書にも載っている単語ですが、jumpable などは比較的新しい造語で、スラングとして扱われることもあります。「〜できる」というと can ＋動詞を使いがちですが、ネイティブは動詞に able をつけて形容詞を作ることも多いのです。ただし、すべての動詞に able がつくわけではないこと、「食べられる」という単語のように eatable ではなく edible［エディボー］のように変形する場合もあることを覚えておきましょう。

A: This is a great song!
この歌いい歌よね！
B: Yeah, and it's really danceable!
うん、それにすごく踊りやすいね！

This sales target is unreachable.
この販売目標は到達不可能です。

31 apparently

All the cats made it over the wall (although it was extremely difficult for Miku), but they then had another problem. Despite the fact that they were now living in Tokyo, all of them were originally from the country—none of them had ever been inside an apartment building before. Initially they had thought the building was a type of house—bigger than other houses they had seen, but still a house. However, **apparently** many people lived here. The surprised cats walked up to the second floor, then the third, then the fourth.

"There are doors everywhere!" Kuro said.

"Can so many people actually live in one place?" Miku asked.

"**Apparently**," Hiro said.

The next question was obvious:

How could they possibly find Lulu in a place like this?

31 apparently [アペアレントリー]
appearing or seeming to be so
ある様子が伺える、見たところは〜らしい（副詞）

However, apparently many people lived here.
しかしここには、多くの人が住んでいるようだった。

"Apparently," Hiro said.
「どうやらそのようです」とヒロが言った。

使い方アドバイス

apparently は長くて発音しにくいためか、ネイティブは頻繁に使うのに、学習者にとっては使いにくい単語の一つです。この単語は、事実のようだけれど本当かどうか100％確信がない場合に使えます。質問に対する答えとしてこの語だけ単体で言うと、「（状況から判断して）そのようですね」という意味になります。また、情報を伝えるときに apparently を使うと、少し疑いを持ちつつもそういうことなんでしょうね、と遠慮した感じが出ます。

Apparently we're all going to have a special day off on Friday.
（状況から判断すると）金曜日は特別休暇日らしいですね。

A: The Nakajimas split up? I thought they were so happy together!
中島夫妻は別れたの？　二人はすごく幸せなんだと思ってたのに！

B: **Apparently** not.
いや、どうやら違うみたいですね。

ここにも注目🐾

All of them were originally from the country.（ネコたちはみな出身は田舎だった）

country は「国」または「田舎、地方」という意味ですが、「（都会ではない）地方部」という意味の「田舎」であって「自分の出身地」という意味の「田舎」や「故郷（くに）」ではありません。よって I'm from Iwate, which is in the country.「私は岩手出身です。岩手は地方です」とは言えても、My country is Iwate. は不自然に聞こえます。なお、countryside も「地方、田舎」という意味です。

A: Do you have any plans this weekend?
今週末は何か計画がありますか。

B: I'm going to go hiking in the country.
田舎の方にハイキングに行こうと思っています。

I used to live in the country, but now I live in Tokyo.
以前は地方に住んでいたが、今は東京在住だ。

32 consequence

The only thing they could think to do was to call out Lulu's name and hope she would answer.

"Lulu!" Miku shouted.

"Where are you?" shouted N.

Lulu didn't answer. Instead, the immediate **consequence** was that several dogs began to bark.

"Uh oh," Kuro said.

The next **consequence** was that two of the doors on the fourth floor opened. A large woman saw the cats and began shouting at them. When they didn't move, she walked toward them down the outside hallway, threatening them with an umbrella.

"Let's get out of here," Hiro said.

The cats ran back to the stairs . . . and saw the old man from the front door walking up!

32 consequence [コンセクエンス]
effect
結果（名詞）

Instead, the immediate consequence was that several dogs began to bark.
代わりにすぐ起きたことは数匹の犬がほえ始めたことだった。

The next consequence was that two of the doors on the fourth floor opened.
その次に起きたことは4階のドアのうち2つが開いたことだった。

使い方アドバイス

consequence は耳にするより目にする可能性の方が高い語ですが、よく使われるので覚えておくと役に立ちます。next や main といった単語を前につけて使われることも多く、単語自体は中立的な意味ですが、実際の使われ方を見ると「思わしくない、マイナスの結果」というニュアンスで使われることが多いです。また、会話では警告や未来への思わしくない予想などの意味合いで使われることもよくあります。

The people of Fukushima Prefecture suffered the worst consequences of the March 11 earthquake.
福島県の人たちは、3月11日の地震で最悪の被害を被った。

This is a bad decision, and it will have serious consequences. Don't do it!
これは悪い選択です。これには深刻な結果が伴います。やってはいけません！

ここにも注目

The only thing they could think to do was to call out Lulu's name.
（彼らが思いつく唯一できることは、ルルの名前を呼ぶことだけだった）

考えが一つしか浮かばないときやほかに解決法が思い当たらないとき、the only thing の後に〈主語 can [could] think to do〉をつけ、be 動詞の後に不定詞を用いて「するべきこと」を言います。なおカジュアルな場合には、不定詞の to を省略することもできます。

A: I still can't find my phone. I've looked everywhere!
電話がまだ見つからない。あちこち全部探したのに！
B: Try calling yourself. That's the only thing I can think of.
電話してみれば。それしかないと思うよ。

33 path

The old man was blocking their **path** down the stairs. The large woman was blocking their **path** down the outside hallway. There was only one direction the cats could go.

"Up the stairs!" Hiro shouted.

They ran up as fast as they could, hearing the old man behind them. They probably should have tried to hide somewhere on an upper floor, but they were so panicked they didn't think of it. Instead, they ran all the way up to the top of the building. There was a locked gate at the end of the stairs, but it was designed to prevent people, not cats, from going through; they were able to run under it easily. But once they did so, they realized they were on the roof of the building.

There was nowhere left to go.

33 path [パス]
way
道、通り道、途中、進路（名詞）

The old man was blocking their path down the stairs.
老人が、彼らが階段に行く道をはばんでいた。

The large woman was blocking their path down the outside hallway.
太った女性が外の廊下に行く途中に立ちはだかっていた。

使い方アドバイス

path は、具体的にも抽象的にも使うことができます。実際の道の場合、path は「(未舗装の) 小道」といったイメージがあります。また、「(ある目的地に行くための) 進路、途中の道」という意味もあります。

I'm worried that I'm on the wrong career path.
間違った就職進路を選んでしまったのではと憂慮しています。

I hope we can cross paths again soon.
また近いうちに会えるといいですね。(注: cross paths「交流を持つ」)

ここにも注目

They probably should have tried to hide somewhere on an upper floor, but they were so panicked they didn't think of it.
(上の階でどこか隠れる場所を見つけるべきだったのだろうが、彼らはとても慌てていたのでそれを思いつかなかった)

didn't think of it は過去形で使うと「(思いつくべきだったのに) 思いつかなかった」と言い訳口調になります。I forgot.「忘れてました」だと、あまり考えていなかったような感じがして無責任な響きがします。I didn't think of it. を使うと、「うっかり」していた感じが出ます。I didn't think of that. と言うと、「(指摘を受けるまで) 考えつかなかった」と相手の視点のよさを認める発言になります。

A: Why didn't you include the new sales information in this report?
この報告書にどうして最新の販売情報を入れなかったのかね？
B: Sorry. I didn't think of it.
すみません。ついうっかりしていました。

A: . . . and that's all you have to do.
……と、これだけやればいいんですよ。
B: That's so easy. Why didn't I think of that?
とても簡単ですね。なんで自分で思いつかなかったんでしょう。

34 edge

"I think we're in trouble," Kuro said.

The cats ran to the **edge** of the roof and looked down. It was a long, long way to the ground. In English, it's said that "cats have nine lives." This is partly because whenever they fall from high places, they never seem to die or get hurt; they always survive.

But there was no way any of them could survive a fall from the top of this building.

"I take it back," Kuro said. "We're not in trouble. We're dead!"

Behind them, the old man was at the locked gate. He was attempting to open it, but it was stuck.

"As soon as he opens the gate, I say we attack him!" N said.

Hiro looked over the **edge** again and then straight ahead. Miku could see that he had an idea.

A bad idea.

"I say we jump," Hiro said.

34 edge [エッジ]
border; the very end or limit of something
端、境界線、限界点（名詞）

> **The cats ran to the edge of the roof and looked down.**
> ネコたちは屋根の端に走って行って下を見た。
> **Hiro looked over the edge again and then straight ahead.**
> ヒロは端をもう一度見てから真っすぐ前を見た。

使い方アドバイス

edge は「エッジ」というカタカナ語でおなじみですが、屋根などの「端っこ」という意味以外にも、比喩的に「有利な立場」や「限界点」という意味があります。例えば、自分の方が競争相手より速く走れる場合、優っていることを表現するのに have an edge over ~「~よりも優勢である」という言い方をします。edge = advantage「有利な点」と考えるとわかりやすいです。

> The salespeople claim that this new product will give us an **edge** over our rivals.
> 販売部のスタッフは、この新しい商品が、ライバル社より我が社を有利な立場に置くだろうと宣言している。（注：give ~ an edge「~を有利な立場に置く」）
> The two countries are on the **edge** of war.
> 両国は開戦の瀬戸際にある。（注：on the edge「（何かよくないことが始まる）瀬戸際」）

ここにも注目

"I take it back," Kuro said.（「さっき言ったことは取り消す」とクロが言った）

発言を取り消すときの表現です。it は「先に述べた言葉」を指し、それを聞かなかったことにしてほしいという意味です。質問文にして「言い直していいですか？」と許可を求めることもできます。

> A: Let's stay home this weekend.
> 今週末は家にいよう。
> B: You said yesterday that you wanted to take a drive in the country.
> 昨日、田舎にドライブに行きたいって言ったじゃない？
> A: I know. I take it back. I'm too tired to go anywhere.
> うん、わかってる。取り消すよ。疲れているからどこにも行きたくないんだ。
>
> Let's meet on Wednesday at ten a.m. . . . No, wait a minute. Can I take that back? Apparently, I have another appointment then.
> 水曜日午前10時に会いましょう。あ、ちょっと待ってください。訂正させてください。その時間に別のアポがあるみたいです。

35 estimate

Miku was shocked. So were the other cats.

"Are you crazy?!" Kuro said. "Do you *want* to die?"

"Hear me out," Hiro said. "Look at the building next to this one." They did. It was approximately the same height as theirs. "I'm not absolutely sure, of course, but I **estimate** that it's four cat-lengths from the edge of this building to the edge of that one."

"That's too far!" Miku said.

"If we run as fast as we can and jump as far as we can, I think we can make it," Hiro said. He glanced back at the gate. "Otherwise, I **estimate** we have about 5 seconds before the old man gets that gate open."

35 estimate [エスティメイト]
guess a number or amount
数字や量などを推測する、見積もる（動詞）

I estimate that it's four cat-lengths from the edge of this building to the edge of that one.
このビルの端からあのビルの端までネコ４匹分の距離があると推定します。

I estimate we have about 5 seconds before the old man gets that gate open.
老人が門を開けるまで５秒ぐらいしかないと思います。

使い方アドバイス

estimate も guess も「推測する」という意味ですが、estimate は何らかの事実や計算に基づいて数を推測することなので、内容には時間や金額など数字が含まれる場合がほとんどです。対して、guess は根拠がなくても推測していれば使えるので、内容に数字がなくても構いません。よって I estimate that Taro will be late. は不自然で、I estimate that it will take Taro two hours to get here.「太郎はここに来るのに２時間かかると推測します」と具体的な数字を入れれば OK です。なお、過去形で使うと推測が間違っていたというニュアンスが出ます。

We estimated that the project would cost 1 billion yen; in fact, it cost 5 billion.
我々はそのプロジェクトに 10 億円かかると見積もったが、実際は 50 億円かかった。

It has been estimated that the Japanese population will fall to fewer than 100 million people by 2050.
2050 年までに日本の人口は１億人以下に減少すると予想されている。

ここにも注目

"Hear me out," Hiro said.（「最後まで聞いてください」とヒロが言った）

Hear me out. は相手がこちらの言うことをさえぎったり、聞くつもりがないような様子のときに「耳を貸してもらえれば、わかってもらえるはずです」というニュアンスで使います。自己主張をする表現なので、同僚や友人には使えても上司には言わない方が安全です。

A: What?! You want to close our office in Tokyo?!
なんだって？！ 東京支社を閉鎖したいって？！

B: Hear me out. That office is expensive to maintain, and most of our business is in Osaka. We don't need the Tokyo office.
まあ、聞いてくれよ。あのオフィスのメンテは高いし、ほとんどの仕事は大阪にある。東京支社はいらないよ。

36 indicate

"I still say we attack him!" N said.

"And if we lose?" Hiro asked. "Who will save Lulu then?"

When Hiro put it that way, the cats realized they had no choice. Hiro **indicated** the best place to jump. "Right here," he said, pointing with his front left foot to a spot on the edge of the roof.

"We're going to die," Kuro said, but he backed away from the edge and got ready to run.

"Hiro ..." Miku said. She **indicated** that she wanted to talk to him privately.

"Miku, we have to go!" Hiro said. He glanced back to the gate. The old man had finally found the right key.

"There's something I have to tell you!"

Just then, the old man got the gate open.

"Later!" Hiro said to her. "Everyone, now!"

Running faster than they had ever run before, the cats jumped!

36 indicate [インディケイト]
show
見せる、指し示す、示唆する（動詞）

Hiro indicated the best place to jump.
ヒロが飛ぶのに一番いい場所を指した。

She indicated that she wanted to talk to him privately.
彼女は彼と二人だけで話がしたいというそぶりを見せた。

使い方アドバイス

indicate は「言葉を使わず何かを示す」という意味です。例えば何かの位置をしぐさで指示したり、顔の表情で感情を表したりするときに使います。肯定の意味でうなずいたり、否定の意味で首を振ったりするのも indicate です。ほかにも数値や図表が示していること、例えば売上額の上下を数字が「示している」というのも indicate です。主に書き言葉ですが、会話でもだれかが何かをほのめかしたときなど、indicate を使って説明できます。

Marketing research indicates that people prefer white cars.
市場調査は、白い車が好まれていることを示唆している。

Yamada wasn't specific, but he indicated that he would help us.
山田氏は具体的には言わなかったが、手伝うと暗に言っていた。

ここにも注目

When Hiro put it that way, the cats realized they had no choice.
（ヒロがそんなふうに言ったとき、ネコたちはほかに選択の余地がないことに気づいた）

初めは反対していたのに、別の例や新しい情報を聞いて、結局気を変えたという経験はだれにもあると思います。put it that way「そんなふうに言う」はそんな状況を説明する表現です。自分が間違っていたことに気づいても、自分の非をはっきり認めずに意見を変えられる便利な表現なので、ぜひ使ってみましょう。

A: **I'm sorry, but I don't want to go see your parents during *obon*. Can't we stay home?**
悪いけど、お盆に君の両親に会いに行きたくないなあ。家にいられないかな？

B: **They're all alone. And they really helped us last year. Don't you remember the money they loaned us?**
二人きりだし、去年、すごく世話になったよね。貸してもらったお金のこと覚えてるよね？

A: **Well, when you put it that way . . . I guess we should visit them for at least a few days.**
ううん、そんなふうに言われると……少なくとも数日は会いにいくべきだな。

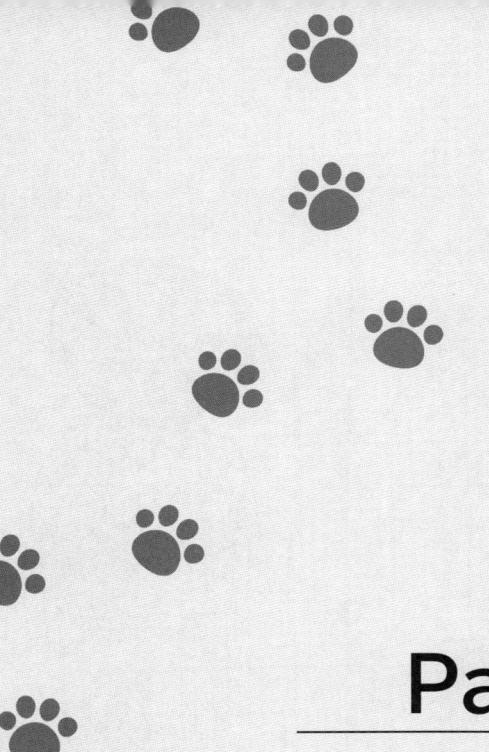

Part 3
Trapped

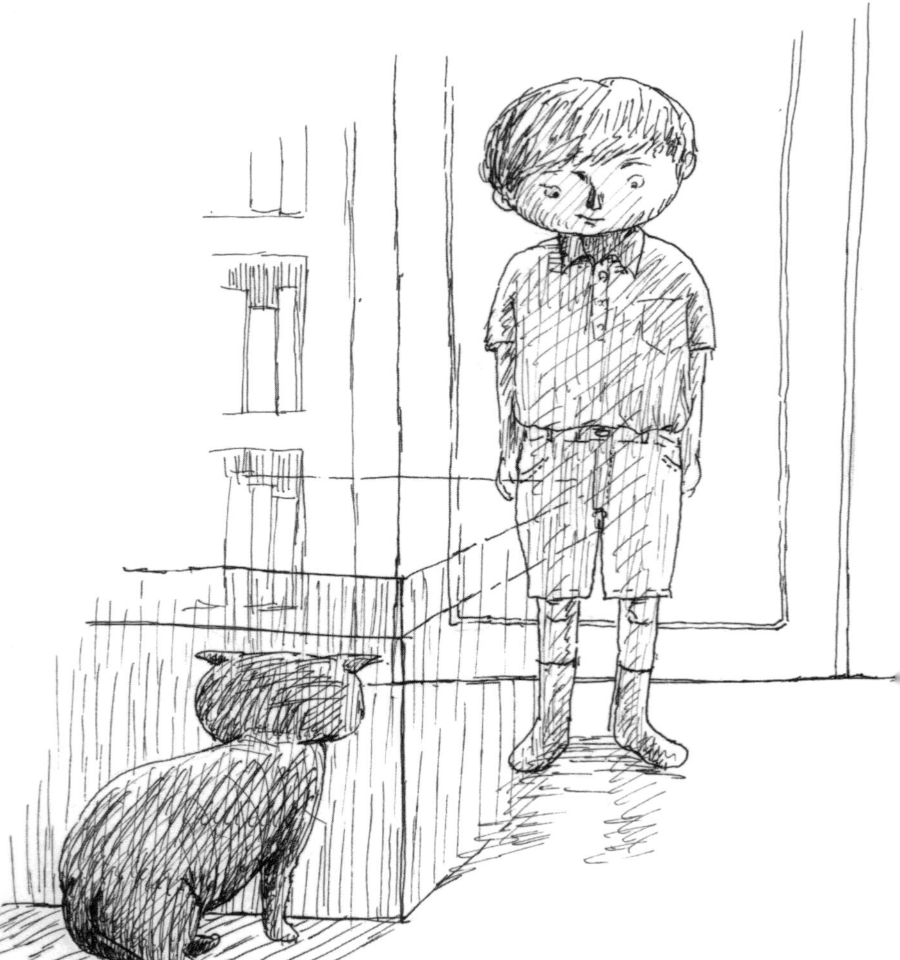

37 behavior

At that moment, inside apartment number 902, Lulu was shaking with fear.

The boy was opening the case.

He picked her up and brushed the top of her head with his fingers. Lulu saw his mother smiling at them from the other side of the room. In front of his mother, as always, the boy's **behavior** was kind and gentle.

But Lulu knew that as soon as they were alone, his **behavior** would change.

She recalled the last time she had seen him. He had taken her to the washing machine. It was obvious that his plan was to put her inside. She had bitten his arm and escaped through an open window. She had hoped she would never see him again, but here he was.

Now the question was, what was she going to do about it?

37 behavior [ビヘイヴィア]

your actions, particularly your moral actions in front of others
行動、特に他人の前での振る舞い（名詞）

In front of his mother, as always, the boy's behavior was kind and gentle.
母親の前ではいつものように男の子の振る舞いは親切で優しかった。

But Lulu knew that as soon as they were alone, his behavior would change.
でもルルは彼がルルと二人だけになった途端に、行動が変わることを知っていた。

使い方アドバイス

外来語としての「ビヘイビア」は「行動、挙動」を、また IT 関係の文脈では「システム動作」を指すのに対し、英語の behavior は人が「（他人の前で取る）行動」、特によくない行動を意味します。

Mom: I'm not happy about your **behavior** this morning.
母：今朝のあなたの態度には感心しないわね。
Son: Sorry, Mom.
息子：ママ、ごめんなさい。

Using a smartphone while driving is risky **behavior**.
運転しながらスマートフォンを使うのは危険な行動です。

ここにも注目

Now the question was, what was she going to do about it?
（今問題になっているのは、彼女がこの状況にどう対処するかということだった）

難しい状況に置かれたときには多くの疑問や懸念が頭をよぎると思いますが、考えないといけない大事なことは一つに限られるはずです。The question is . . . は、問題をはっきりさせ、考えを整理するのを助けてくれる表現です。

A: Did you just buy a pack of cigarettes? You're smoking again?!
今、たばこ買った？　また吸ってるの？！
B: I know, I shouldn't. I'm trying to smoke only 5 or 6 a day.
わかっている。吸わない方がいいのは。1日5、6本だけにしようとしてるんだ。
A: Okay, but the question is, why did you start again? You quit smoking three years ago!
わかった。でも問題なのは、なんでまた吸い始めたかってことよね？　3年も前にやめたのに！

38 frequently

When Lulu had lived with the boy and his family before, he had hit her **frequently**. He hadn't done it on a daily basis, but it had been almost every day. **Frequently**, she had been so afraid that she hid under beds for hours. She wouldn't even come out to eat.

There was no way that she could live that kind of life again. She couldn't. She wouldn't! Somehow, she had to escape again.

But how?

As the boy held her, whispering into her ear, she glanced around the room. She didn't know where she was; this wasn't the same house she had lived in long ago.

But, just as there had been before, there was an open window. It was somewhat high off the floor, but the height seemed more or less jumpable.

Could she do it? She wasn't sure, but she knew she had to make the attempt.

38 frequently [フリークェントリー]
often

しばしば、しょっちゅう、頻繁に（副詞）

When Lulu had lived with the boy and his family before, he had hit her frequently.
ルルが男の子と家族と前に一緒に住んでいたとき、彼は彼女をしょっちゅうたたいた。

Frequently, she had been so afraid that she hid under beds for hours.
しばしば彼女はとても怖い思いをしたので、ベッドの下に何時間も隠れていた。

使い方アドバイス

「しばしば」というと often を使いがちですが、frequently のような類似表現も使って表現を豊かにしましょう。ウェブサイトでよく見るFAQ「よくある質問」は、frequently asked questions の略です。frequently を発音するときは、RとLを正しく言うように気をつけましょう。

A: What kind of TV shows do you like?
どんな種類のテレビ番組が好きですか？
B: None, really. I don't watch TV that **frequently**.
いやあ、ないですね。そんなに頻繁にテレビは見ないので。

I'm not a good golfer. I hit the ball into the rough or the water far too **frequently**.
ゴルフは上手ではありません。ラフや池にボールを打ってしまうのが日常茶飯事です。

ここにも注目

The height seemed more or less jumpable.
（あの高さなら何とかジャンプできそうだった）

more or less は almost や mostly のように「ほとんど」という意味合いがあります。ストーリーのようにほとんど100%確信がある場合や、決定を完全に下していないけれど、ほぼ決めているというようなときに使います。

A: Did you finish your homework?
宿題終わらせた？
B: More or less.
まあ、だいたい終わった。

We've more or less decided to go to Guam for Christmas.
クリスマスにグアムに行くことにほぼ決まりそう。

39 occur

The boy's mother called to him. He put Lulu down gently on the sofa and walked over to her. He and his mother talked about something for a few minutes, and then both of them left the room.

It suddenly **occurred** to Lulu that she was alone.

What's more, the window on the other side of the room was still open.

It **occurred** to her that this was the best chance she would ever have. The boy and his mother would not be expecting her to attempt to escape so soon.

Lulu jumped up. As quickly as possible, she ran across the room, jumped on a chair, then jumped again to the window. Then she stopped, fast, so she wouldn't fall.

"Oh, no," she said, and all of her hopes disappeared.

39 occur [オカー]
happen (to think of)
たまたま（考えが）浮かぶ（動詞）

It suddenly occurred to Lulu that she was alone.
ルルは自分しか部屋にいないことに突然気づいた。

It occurred to her that this was the best chance she would ever have.
今が一番いい機会だということに彼女は気づいた。

使い方アドバイス

ふと考えが浮かぶときに、「考え」を主語にして〈occurred to ＋人〉と言うことができます。また、新聞記事などの改まった文で occur は happen「起きる」の代わりによく使われます。例えば Two accidents occurred today in west Tokyo.「東京西部で今日、事故が2件発生した」のように使います。

A: You know what just **occurred** to me? We haven't had a company party yet this year.
今ちょっと考えが浮かんだんだけど。今年はまだ社内パーティーやってないよね。
B: You're right. We should do that.
そうだね。するべきだよね。

A: Why didn't you call her?
どうして彼女に電話しなかったの？
B: I don't know. It didn't **occur** to me.
さあ。思いつかなかったんだ。

ここにも注目

What's more, the window on the other side of the room was still open.
(さらにいいことに、部屋の反対側の窓もまだ開いていた)

what's more は自分の主張をサポートする情報や、より興味深く思わせる情報を加えるときに使います。more という語を使いますが、追加情報はいつもよい内容とは限らず、悪いことを並べて「さらに」と言いたいときにも使えます。

A: I want you to meet my friend Sara. She's perfect for you. She's intelligent. She's beautiful. What's more, she's single.
友達のサラに会ってほしいな。彼女はあなたにお似合いだと思うの。頭もいいし、きれいだし、それに独身なのよ。
B: Sounds great!
それはいい！

40 assume

Lulu had **assumed** that the window was close to the ground. Like Miku and the other cats, she had never been in an apartment before. Like them, she had **assumed** it was just like a house. And, in a house, even windows on the second floor are frequently jumpable for cats.

But this . . . this was impossible. Looking down, she couldn't believe her eyes. She was higher than the highest tree. She could see the tops of other houses and buildings below her. There was no way that she could jump down from here.

Thus, there was no way that she could escape.

Still somewhat shocked, she turned and looked back into the room. The boy emerged from around a corner.

When he saw her, he smiled, and it was as if he knew what she was thinking.

40 assume [アスーム]
think something is true, but without having evidence
証拠はないが何かが真実だと思う、予測する、憶測する（動詞）

Lulu had assumed that the window was close to the ground.
ルルは窓が地面の近くにあるだろうと予測していたのだった。

Like them, she had assumed it was just like a house.
彼らのように彼女もここが家と同じような所だと思い込んでいた。

使い方アドバイス

assume は think や believe のレベルアップ表現です。assume は「多分そうだろうと思う」という意味で、憶測が間違っている場合はストーリーのルルのようにトラブルに巻き込まれる可能性があります。なお、確認せずに憶測でものを言っている、と思われると困る場面では避けた方がよい単語です。

A: As far as I know, Suzuki finished the report.
鈴木君は報告書を書き終えたはずです。
B: Let's not **assume** anything. Call him and check.
憶測するのはよそう。彼に電話して確認を取りなさい。

A: I **assume** you don't want to go to Tokyo Disneyland tomorrow . . . . ?
明日、東京ディズニーランドに行きたくない……よね？
B: No. Thanks for asking, though.
行きたくはないな。でも誘ってくれてありがとう。

ここにも注目 🐾

Looking down, she couldn't believe her eyes.
（下を見て、彼女は自分の目を疑った）

(can't) believe one's eyes は、見ているものが本当だとは信じられないということから、大変驚いたときの比喩表現です。なお、「聞いたこと」が信じられない場合は、eyes を ears に変えます。また hardly「ほとんど〜ない」をつけた She could hardly believe her eyes. という表現もほぼ同じ意味の定型表現です。

The view was amazing. I couldn't believe my eyes.
景色がすごかった。目を疑いたくなるほどだった。

When my father told me he was getting married again, I could hardly believe my ears. He's 70 years old!
父がまた結婚するって聞いたとき、ほとんど信じられなかった。70歳なのに！

41 admit

When she jumped from the edge of the roof, Miku closed her eyes tight. Despite this, she was very aware of the empty space below her. She was extremely afraid, and when she felt herself falling, it occurred to her that her life was over. "This is it," she thought.

But then she landed on the roof of the next building, still alive.

She had made it!

Everyone else had made it, too. The old man watched them, shocked, from the roof of the other building. Hiro ran over to Miku. "Are you okay?" he asked.

"Yes," she said, "but I never want to do that again."

Hiro **admitted** that he had been a little afraid, too.

"A little?!" Kuro said. "Are you crazy?! That was terrible! That was your worst idea ever!"

"You're right," Hiro said. "I **admit** it."

41 admit [アドミット]

say something is true (although you may not want to)
認める、(認めたくないことでも)本当だと言う (動詞)

Hiro admitted that he had been a little afraid, too.
ヒロも実は少し恐かったと認めた。

"You're right," Hiro said. "I admit it."
「そうですね」とヒロが言った。「それは認めます」

使い方アドバイス

日本語の「認める」は「(あることが)本当だと認める」または「許可する」という意味ですが、英語の admit は主に「認める」という意味で使われます。「許可する」という意味で使われるのは、公的な文書や標識などに限られます。ですから「新車を買いたいが妻が許さない」と言いたい場合は I want to buy a new car, but my wife doesn't admit it. ではなく、admit の代わりに allow を使うべきです。admit はほとんどの場合「しぶしぶ認める」という意味で使うので、ネガティブなこと、気恥ずかしいこと、犯罪行為など、よくない出来事に関連して使われます。

A: You like Miho, don't you?
　美穂のことが好きなんだろう?
B: Miho? What are you talking about?
　美穂? 何のこと言ってるんだ?
A: Come on, **admit** it! You keep looking at her. You think she's cute!
　おい、認めろよ! いつもじーっと見てるじゃないか。かわいいと思ってるんだろ!

The boy finally admitted to stealing his grandfather's money.
少年は祖父のお金を盗んだことをとうとう認めた。

ここにも注目

"This is it," she thought. (「これで終わりだわ」と彼女は思った)

This is it. は何らかの重要な出来事が最終的な局面にあるときに使う表現です。出来事は期待していたことや嫌だと思っていたことで、ことの善し悪しにかかわらず、「もう後がない」というとき使います。

Father: Well, this is it! Are you ready?
　父親:さあ、いよいよだな! 用意はいいかい?
Bride: Yes. Thanks for being here with me today, Dad.
　花嫁:うん。お父さん、今日一緒にいてくれてありがとう。

42 intend

"By the way," Hiro said to Miku, "what were you **intending** to tell me before we jumped?"

"Well . . ." Miku said. Was this the best time to tell Hiro that he was going to be a father? "Actually—"

But before Miku could finish, N said, darkly, "I'm going back there."

N seemed to have already forgotten about the jump. He was standing on the edge of the roof, looking at the old man watching them from the other building.

"Go back?" Hiro asked. "Then what? What do you **intend** to do?"

"I **intend** to find Lulu!"

"How?"

"I don't know!" N said. "But I'm not going to run away anymore, that's for sure! I'm not afraid of that old man! If you are, I'll fight him all by myself!"

42 intend [インテンド]
plan
〜するつもりである、計画がある（動詞）

What were you intending to tell me before we jumped?
ジャンプする前に言おうとしていたことは何だったんですか？
I intend to find Lulu!
ルルを見つけるつもりに決まってるだろ！

使い方アドバイス

intend は意味はわかっていても、会話や作文で使いこなす自信は今一つという人も多いと思います。この場合、使える状況を具体的に学習すると使いやすくなるはずです。intend は plan に代えて「〜するつもりである、予定がある」という意味で使えるレベルアップ単語です。また、善意で何かをしたときやトラブルを起こすつもりではなかったとき、本来の意図を説明する際にも使います。さらに、受け身〈be intended〉で物の機能を説明するときにも使えます。

Sorry for all the trouble. I didn't **intend** to cause any problems.
迷惑かけてごめん。面倒を起こすつもりはなかったのよ。

This security system is **intended** to prevent non-employees from entering the building.
このセキュリティ・システムは、社員以外の者が建物に立ち入るのを防ぐのが目的です。

ここにも注目🐾

"Then what?"（そしてどうするんですか？）

この表現は 25 章でも使われています。意味はわかりやすいのですが、なかなか使いにくい表現の一つです。これは、相手があまり先のことを考えずに物を言っていることを、相手に気づかせたい場合に有効な質問です。Then what? という質問に答えようとすると、相手は思いつきで発言したことにおのずと気づくはずなので、「間違っている」と一方的に言うより会話がスムーズに進むはずです。

A: I hate my job! I'm quitting!
　仕事嫌い！　もうやめる！
B: OK. Then what?
　うん、それでどうするの？
A: Then I'm going to . . . I'm going to . . . I don't know.
　それで、えーと、えーと……わかんない。
B: Then maybe you should think about it a little more before making any big decisions.
　だったら大きい決断を下す前にもうちょっと考えてみた方がいいんじゃない？

43 strategy

N and Hiro argued for several minutes. Hiro felt strongly that the cats needed to develop some sort of **strategy**. "We can't go back to that building without a plan," he said. "*We need a good plan*," he emphasized. "Otherwise, we'll never get Lulu back."

"There's no time for **strategy**!" N insisted. "Lulu needs our help *now*!"

He demanded they attempt an immediate rescue, and for a while it looked like there was nothing that any of the cats could say that would change his mind.

43 strategy [ストラテジー]
a careful, detailed plan aimed at a specific goal
具体的な目的を果たすための注意深く細密な計画、戦略（名詞）

Hiro felt strongly that the cats needed to develop some sort of strategy.
ヒロはネコたちが何らかの作戦を立てる必要があると強く感じていた。

"There's no time for strategy!" N insisted.
「作戦にかけてる時間なんかない！」とNは主張した。

使い方アドバイス

strategy は企業や政府や軍隊などに関する記事でよく見かける単語です。「注意深く、考え尽くされている計画」という意味があります。困難で長くかかる目標を果たすための計画を指し、計画が簡単であることはまれです。例えば、夕食作りのようなすぐ済む計画は I have a plan for dinner tonight. とは言えても、plan を strategy に変えるのには無理があります。でも「野菜嫌いの息子にもっと野菜を食べさせる、いいやり方を思いついた」と言うなら、I've thought of a strategy for getting my son to eat more vegetables. と言えます。

The prime minister frequently claims that his economic strategy will increase growth.
総理大臣は自身の戦略が経済を成長させるとしばしば主張している。

What's a good strategy for finding a new job?
新しい仕事を見つけるいい方法は何だろうか？

ここにも注目🐾

For a while it looked **like** there was nothing that any of the cats could say that would change his mind.
（しばらくの間どのネコも、彼の決心を変えられるようなことが言えないようだった）

look like は 21 章では「何かがある状態のように見える」という具体的な意味でした。でも本章の look like は seem と似ていて、比喩的な意味があります。look like の後には主語と動詞を置き、「…が〜している [した] ようだ」となります。また、後には名詞を置くこともできます。形容詞を置く場合は〈look +形容詞〉にします。

It looks like I'm not going to be able to afford a new car this year.
今年は新車、買えそうにない。

A: Do you think the Tigers are going to win?
タイガース勝つと思う？

B: It sure looks that way. They're ahead by 5 runs.
そのようだね。5点リードしているからね。

44 meanwhile

At last, however, they talked him out of it. It was Miku who finally convinced him.

"I was panicking, too, initially, but Lulu's stronger than she looks," she said. "She can take care of herself until we come up with a strategy to get her out of there. But if we attempt something now and fail, she'll really be in trouble."

N didn't say anything for a few minutes. Then, in a quiet voice, he admitted that Miku was right. "So what do we do now?" he asked.

"First, I think we wait until it gets dark," Hiro said. "**Meanwhile**—"

"**Meanwhile**, can we get something to eat?" Kuro asked. "I'm really hungry."

"Hungry?!" N said, but he quickly realized Kuro was right. The cats had to eat or they would be too weak to do anything.

He just had to hope that **meanwhile** nothing would happen to Lulu.

44 meanwhile [ミーンワイ]
during that time
その間（副詞）

> **"Meanwhile, can we get something to eat?" Kuro asked.**
> 「その間に、何か食べる物を見つけられるか？」とクロが聞いた。
>
> **He just had to hope that meanwhile nothing would happen to Lulu.**
> N はただその間にルルに何も悪いことが起こらないことを願うのみだった。

使い方アドバイス

meanwhile は予定について、同時に何か 2 つのことをするときや 2 つの出来事が同時進行するときに使います。文頭に置くことが多い副詞です。in the meanwhile のように名詞として使われることもあります。

> **Can you help Arisa get dressed? Meanwhile, I'll make breakfast.**
> 亜梨沙が服を着るのを手伝ってくれる？　その間に朝ご飯を作るから。
>
> **The doctor can't do an operation until next month. In the meanwhile, we'll give your mother some medicine for her pain.**
> 先生は来月まで手術できないそうなので、その間、お母さんには痛み止めの薬を出しましょう。

ここにも注目 🐾

At last, however, they talked him out of it.
（しかし、とうとうネコたちは彼を説き伏せた）

相手を説得して相手のしたがっていることを思いとどまらせたときは、〈talked 相手 out of it〉と言います。逆に、相手が気を変えて、こちらの考えに同意したときは〈talked 相手 into it〉と言います。この表現は考えを変えた相手に言うのではなく、第三者に状況を説明するときに用いるのが一般的です。

> A: **I'm surprised to see Kawabuchi here. I thought he didn't want to come.**
> 川淵さんがここに来ていて驚いたよ。来たくないんだと思ってた。
>
> B: **He didn't, but I talked him into it.**
> そうなんだけど、来るように僕が説得したんだ。
>
> A: **Mio was about to call her mother again, but I talked her out of it.**
> 未央がまたお母さんに電話をしようとしてたんだけど、説得してやめさせたよ。
>
> B: **Good. She needs to be more independent.**
> よかった。彼女はもっと独立心を持つべきだもの。

45 throughout

Meanwhile, Lulu was in apartment 902, feeling very nervous. The boy and his mother had been busy cleaning **throughout** the afternoon. They had started after lunch and worked for several hours. Meanwhile, she had searched **throughout** the apartment for another way to escape. She had looked absolutely everywhere. She had not found anything.

She had no idea what she was going to do.

The boy had not tried to hurt her yet, but she knew it was only a matter of time. She estimated that he would be nice to her for perhaps a day. Maybe two days, if she was lucky.

If she was unlucky, his behavior might change immediately.

45 throughout [スルーアウ]
during all; in every part of
(初めから終わりまで)〜中ずっと、(場所や物事など)〜のあらゆる部分(前置詞)

The boy and his mother had been busy cleaning throughout the afternoon.
男の子と母親は午後の間ずっと忙しく掃除をしていた。

Meanwhile, she had searched throughout the apartment for another way to escape.
その間、彼女はほかの逃げ道を探してマンションの(902号室の)中をくまなく探索した。

使い方アドバイス

「すべての、全部、それぞれの、毎〜」というと all や every を多用してしまいがちです。そんなとき、throughout は文章にバラエティを加えるレベルアップ表現として役に立ちます。特に予定や天気のことを話すときに使われます。throughout は副詞としても使われますが、より一般的で使いやすい、前置詞としての使い方をまずマスターしましょう。

A: Apparently we are going to have nice weather **throughout** the weekend.
週末を通してよい天気が続くそうだよ。
B: Then I intend to have a barbecue!
それならバーベキューをしようと思う!

I travelled **throughout** China last year. I went to Harbin, Beijing, Shanghai, Hong Kong, Chengdu, and several other places.
去年、中国全土を旅行しました。ハルビン、北京、上海、香港、成都など数カ所に行きました。

ここにも注目

She knew it was only a matter of time.(時間の問題だということはわかっていた)
a matter of time というイディオムは、何かが起きることはわかっていても、いつ起きるかがはっきりしないときに使います。また、過去形の文で、すでに起きたことを振り返って言うときにも使えます。事態はよくないことが多く、ときには非常に悪い事態について言います。

A: Masafumi got a speeding ticket today.
雅史、今日スピード違反のチケット切られたんだって。
B: It was only a matter of time. He always drives way too fast.
時間の問題だったんだよな。いつもスピード出しすぎてるから。

46 doubt

She thought about her friends from the *Chateau du Chat*. Just as the boy had put her in the strange black vehicle, she had seen N, Hiro, Miku, and Kuro running out of the café. She was sure they had seen her, too, but had they been able to follow? She had her **doubts**. Cats were fast, but cars were faster. She couldn't expect any help from N and the others.

"I'm going to have to escape on my own," she thought. "But how?? I **doubt** I can do it!"

As the afternoon wore on, her fear and anxiety gradually increased.

46 doubt [ダウト]

unsure feeling; think something is not true
疑い、不信感（名詞）；疑う、何かが不確か、または真実でないと感じる（動詞）

She had her doubts.
彼女には確信がなかった。
I doubt I can do it!
できると思えない！

使い方アドバイス

名詞としてよく使われる doubt ですが、動詞としても会話で大変役立ちます。動詞 doubt は、特に何か能力があるかどうか「疑わしい」と言うときに使います。doubt の後に接続詞 that（なくても可）を置いた後、〈主語＋動詞〉で疑っている内容を説明します。ネイティブは I don't think より強めの表現として、よく I doubt を使います。例えば I don't think it will rain.「雨が降るとは思わない」の代わりに I doubt it will rain. と言うと、雨が降らないことについて、かなりの確信を持っている感じがします。また名詞の doubt は no/little/few などを前につけて、確信の度合いを強調できます。

I'll be there on Sunday. No **doubt** about it.
日曜日出席します。必ず。
A: Good luck today! I'm sure you're going to win.
　今日、がんばって！　きっと勝つわ。
B: I **doubt** that! Thanks, though.
　それは疑わしいな！　でもありがとう。

ここにも注目

As the afternoon wore on, her fear and anxiety gradually increased.
（午後の時間がゆっくりと過ぎる中、彼女の恐怖感と不安感はだんだん増していった）

wear は「身につける」という意味でよく使われますが、それ以外の意味で使われるときは、ネガティブな意味合いを持つことが多いです。wear on はその一例で「時間が（必要以上に）ゆっくり過ぎる」という意味です。wear out もよく受け身の be worn out の形で使われ、人が疲れている状態や物がボロボロに古くなった状態を指します。wear off は、「（薬などの効力が）薄れる」という意味で使われます。

What a long day! I'm worn out.
長い一日だったな！　クタクタだ。
I was nervous at first, but the feeling quickly wore off.
初めは緊張していたが、その緊張感もすぐに消えてしまった。

47 attitude

Afternoon changed to evening. At dinner that night, the boy still had a pleasant **attitude**. He gave Lulu something to eat and put water in a bowl for her. He spoke to her nicely. She did not understand what he said, of course, but his words were soft and gentle. Somehow, this behavior made her even more nervous.

"It can't last," she thought.

It didn't. After dinner, while his parents were still talking, the boy picked her up and carried her to his room.

All at once, his **attitude** changed.

"You stupid cat," he said.

47 attitude [アティテュー]
the way you show your feelings
態度、気持ちを表す様子（名詞）

At dinner that night, the boy still had a pleasant attitude.
その夜の夕食時、男の子はまだ親切な態度を取っていた。
All at once, his attitude changed.
突然、彼の態度は変化した。

使い方アドバイス

attitude は behavior に似ていますが、behavior が「(実際の) 行動」を指すのに対して、attitude は「(行動の背景にある) 態度」を指します。ですから pleasant「感じのよい」などの形容詞をつけて説明を加えます。なお、attitude が適切でなかったために、悪い結果を招いたことを暗に示唆する場合もあります。例えば、下の2つ目の例文では堀さんの態度が上司の気に食わなかったため、彼は仕事をやめさせられたか降格になったことをほのめかしています。

I've resolved to have a more positive **attitude**.
もっとポジティブな態度を取ってみることにした。

Employee: Where's Hori? Isn't he a member of this team?
従業員：堀さんは？　このチームのメンバーじゃないんですか？
President: Not anymore. He didn't have the right **attitude**.
社長：いや、もう違う。彼は適切な態度を持ちあわせてなかったんでね。
（注：何が right attitude「適切な態度」なのかは主観的な場合もあります）

ここにも注目 🐾

"It can't last," she thought.（「長続きするわけないわ」と彼女は思った）

last は「この間の」という形容詞ではおなじみですが、動詞としてもよく使われます。「(何かがある期間) 続く、持続する、長持ちする」という意味です。

Wife: You're home late.
妻：遅かったね。
Husband: Yeah. My meeting lasted until nine o'clock.
夫：うん。会議が9時まで続いたんだ。

A: You look angry! I thought you'd resolved to have a positive attitude!
怒ってる？　前向きな態度を取るんじゃなかったの？
B: It didn't last.
長続きしなかったんだ。

48 ensure

"I thought I would never see you again, you stupid cat," the boy said. As before, Lulu couldn't understand his words, but she got the idea. She immediately jumped out of the boy's arms and ran under the bed. Until his attitude changed, she wanted to **ensure** that he couldn't pick her up again.

He looked at her under the bed, his eyes small and dark.

"I still can't believe my mother found you," he said. "I got in a lot of trouble when you ran away before."

He smiled a terrible smile.

"Well, I'm going to **ensure** that you never run away again," he whispered.

At that moment, his mother called for him.

"I'll be back, you stupid cat," the boy said.

48 ensure [エンシュア]
make sure
確かにする、保証する（動詞）

Until his attitude changed, she wanted to ensure that he couldn't pick her up again.
彼の態度が変わるまで、彼がまた彼女を抱き上げることがないようにしたかった。

Well, I'm going to ensure that you never run away again.
ふん、お前が二度と逃げられないことを保証してやる。

使い方アドバイス

ensure は make sure「確かめる」に代わるレベルアップ表現です。ストーリーのように「確かにする内容」を〈主語＋動詞〉で説明します。ensure の後の接続詞 that は省略可能です。なお、ensure は make sure にはない使い方もあります。例えば、商品の品質や客の満足度を「保証する」と言うとき、ensure に quality, customer satisfaction を続けて使います。この意味の ensure は、guarantee ほど保証の度合いは絶対的ではないが、できることはすべてします、という積極的な態度を表します。

Our company uses expensive software to ensure digital security.
当社では高価なソフトを使って、デジタル・セキュリティを確保しています。

We do everything we can to ensure the quality of our products.
当社では、製品の品質を保証するために万全を期しています。

ここにも注目

As before, Lulu couldn't understand his words, but she got the idea.
（前と同様、ルルには彼の言葉はわからなかったが、だいたいの意味合いはわかった）

難しい内容の重要点や大筋が理解できたという場合、I understood. の代わりに、I got the idea. と言うこともできます。「わかります」と言いたいときは現在形で I get the idea. と言うこともあります。また、同じことを繰り返し話し続けている相手に、I get the idea.「もうわかった」と言うと、話すのをやめてくれるはずです。

A: I've got a lot of games. I've got all of the *Final Fantasy* series. I've got the *Dragon Quest* set, all the *Pokemon* . . .
僕、たくさんゲームを持っているよ。「ファイナルファンタジー」シリーズは全部持ってる。「ドラゴンクエスト」もセットであるし。「ポケモン」も全部……。

B: Okay, I get the idea.
ああ、わかったから。

49 relatively

Meanwhile, Miku, Hiro, N, and Kuro were waiting behind a restaurant. They needed to eat something before they could attempt to do anything for Lulu. It was still **relatively** early, so there was no garbage yet, but the smells from inside were wonderful.

"This must be a **relatively** good restaurant," Hiro said. "I definitely smell salmon."

"And cream," Miku said. "I'm so hungry I can't stand it."

"I just want to eat and get this over with," N said. "Lulu needs us."

They waited and waited, and at last one of the restaurant's staff came out with two **relatively** large bags. He put them in the space for garbage. As soon as he went back inside, the cats ran forward.

49 relatively [レラテヴリー]
somewhat more or less than another
比較的、かなり、ほかと比べてやや多いか少ない（副詞）

It was still relatively early, so there was no garbage yet.
比較的まだ早い時間だったので、ゴミはまだ出ていなかった。
"This must be a relatively good restaurant," Hiro said.
「きっとかなりいいレストランに違いありません」とヒロが言った。

使い方アドバイス

ときと場合によっては、善し悪しを言い切ったり、簡単に形容詞一語で説明することができないこともあります。例えば Keiko is a good student. と言うと、いつも努力を怠らず成績の優秀な学生を想像するかもしれません。ですが、ケイコさんは平均よりは上ではあるけれど、そこまでできる学生ではない場合、Keiko is a relatively good student. と言うと正確な説明ができます。relatively は形容詞、副詞を修飾します。10 点満点と仮定すると、平均点より少し上の 6～7 点、もしくは少し下の 3～4 点だと relatively で表せます。また relatively speaking は「ほかと比べて」「相対的に言って」という意味で、文頭や文末に単独で使えます。

She's a good student, **relatively** speaking.
彼女はほかと比べると、よい学生です。
He earns a **relatively** high salary, so he can afford to eat out often.
彼は比較的高給をもらっているので、しばしば外食することができる。

ここにも注目🐾

"I just want to eat and get this over with," N said.
(「オレは早く食べちまいたい」と N は言った)

get ～ over with「～を済ませる」は、嫌なことをこれからするときや、したいことをする前に別のことをしなければならないときに使う表現です。そのため少しぶっきらぼうな感じがするので、sorry「悪いけれど」などと前置きして使うとよいでしょう。

Nurse: Are you ready to see the doctor?
看護婦：先生に会う用意はいいですか？
Patient: Not really, but let's get this over with.
患者：いいえ、でも早く済ませてしまいたいので行きましょう。

Sorry, but can we get this over with? I have another meeting in ten minutes.
悪いけど早く終わらせられますか？　10 分したら別の会議があるんです。

50 criminal

The cats broke open the bags with their teeth. Kuro was not happy. He had never been a street cat, so he had never done this sort of thing before.

"Seriously?" he asked. "We're going to eat this? Doesn't eating garbage increase the risk of cancer?"

"You'll be fine," Hiro said.

"Eat," N said. "And hurry up about it."

"But isn't this stealing?" Kuro asked. "Nobody gave us this garbage. This seems **criminal** to me."

"We're hungry!" Miku said.

"That doesn't excuse **criminal** behavior!"

"It certainly doesn't," a new voice said.

50 criminal [クリミノー]
against the law; very bad
法に反する；大変悪い（形容詞）

This seems criminal to me.
これは犯罪だと思うがな。

That doesn't excuse criminal behavior!
だからって犯罪行為をしていいわけじゃない！

使い方アドバイス

criminal は長年教えている著者も、学生が自分のことについて使うのを聞いたことがない単語です。でもそれはよいことで、楽しい生活を送っていれば criminal が会話に登場することはないはずです。しかし、ニュースではよく使われる単語なので覚えておきましょう。また、会話では「非常に悪い」という比喩でも使われます。さらにスラングで、逆の意味の「すごくよい」という意味にもなります。「(法に反するほど) けた違いによい」というわけです。

Throughout the day, there have been reports of **criminal** activity at one of the nation's largest banks.
その日は一日中、国の大手銀行の一つで違法行為が起きたという報告が入り続けた。

A: I hate Kunihiro's behavior around his wife.
邦広の奥さんに対する接し方、嫌いだな。

B: I agree. It's **criminal** the way he talks to her.
まったくね。彼女への口の聞き方はあまりにもひどいよね。

ここにも注目

He had never done this sort of thing before.
(彼はこういうことをしたことがなかったのだ)

this sort of thing は先に述べた経験や行動について、「この種のこと、こんなこと」と言い換える、カジュアルな会話表現です。this を that にしてもよく使われます。sort of の発音は短縮されて［ソーラ］と言っているように聞こえます。なお、this kind of thing と言うこともできます。

A: That was a tough workout!
タフな運動だったね！

B: I know. I'm worn out. I'm not used to this sort of thing.
そうだね。クタクタだ。この手のことに慣れてないから。

Have you ever done this kind of thing?
今までにこんなことしたことある？

51 colleague

Surprised, the cats all turned their heads at the same time. Several street cats were behind them. They were all big and tough and dangerous-looking. Miku felt the hair rising on her back. If there was one thing that she was sure of, it was that this group of cats had a lot of personal experience concerning criminal behavior.

"My name is Sumi," the lead cat said. He was black like coal and had sharp green eyes. He indicated the cats around him with his chin. "These are my **colleagues**, Yama, Matsu, and Moto. We're extremely pleased to meet you."

"**Colleagues**?" Hiro asked. "You mean you work together?"

"In a manner of speaking," Sumi said. He had a formal way of expressing himself. It somehow made him seem even more dangerous. "May we ask what it is that you're attempting to do?"

"Well, we're—"

"Shut up," Yama said.

51 colleague [コリーグ]
coworker

同僚、職場仲間（名詞）

These are my colleagues, Yama, Matsu, and Moto.
こいつらはあっしの仲間で、ヤマ、マツ、モトでやんす。

"Colleagues?" Hiro asked. "You mean you work together?"
「仲間？」とヒロが尋ねた。「一緒に働いてるってことですか？」

使い方アドバイス

colleague は類義語の coworker と比べるとフォーマルですが、一般的に広く使われています。ニュースでもよく使われます。日本語の「同僚」は同じランクの人を指しますが、colleague は地位にかかわらず同じ職場の人であれば使えます。最後の ue は発音せず、アクセントはコリーグの「コ」にあります。発音しにくいので練習しておきましょう。

I have dinner with three of my colleagues on a weekly basis.
週一の頻度で同僚3人と夕食を食べることにしている。

I'd like to introduce you to a colleague of mine. This is Ben Garner.
私の同僚の一人を紹介します。こちらはベン・ガーナーです。

ここにも注目

"In a manner of speaking," Sumi said.
（「ま、ある意味、そういうことだな」とスミが言った）

in a manner of speaking「ある意味では」は、あることが見方によっては真実、または真実に近いと言いたいときに使えるフレーズです。質問に答えたくないときや、ストーリーのスミのように答えをはぐらかしたいときの定型表現としても使います。また、しゃれを言ったり、比喩に注目してもらいたいときに、冗談っぽく使うこともあります。

A: Did you write your report?
　レポート書いた？
B: In a manner of speaking. I copied a paper from the Internet.
　まあ、ある意味ではね。インターネットの論文を丸写ししたんだ。
A: You can't do that!
　それはだめよ！

In Japan these days, Doraemon is bigger than Godzilla, in a manner of speaking.
日本では最近、ドラえもんは人気という意味で、ゴジラより大きいと言える。

52 account (for)

In a manner of speaking, Yama *was* a *yama*—he was huge. He looked as if he could stop a car. He looked as if he could *eat* a car.

Sumi said, "Yama, remember your manners." Then, to Miku and the others: "Yama is somewhat angry, I'm afraid. This **accounts** for his rough way of speaking. He doesn't realize, like I do, that you are new here, and that this surely **accounts** for your impolite behavior."

Kuro said, in a small voice, "What impolite behavior?"

"Stealing food, of course," Sumi said. He indicated the garbage behind them. "You see, all of this food is the property of the King."

52 account (for) [アカウント]
explain; is the reason (for)
説明する；〜の理由である（動詞）

This accounts for his rough way of speaking.
それでぶっきらぼうな話し方をしちまうんです。

He doesn't realize, like I do, that you are new here, and that this surely accounts for your impolite behavior.
こいつは、あっしのようにわかってないんです。そちらさんたちは新参者なんで無礼な行動を取ってるってことが。

使い方アドバイス

account は「アカウント、口座」という名詞としてなじみがありますが、account for 〜「〜を説明する」という動詞でもよく使われます。改まった感じがするので、新聞記事や報告書でよく使われます。さらに、占める割合を言うときにも使えます。例えば Young women account for 75% of our customers.「うちの顧客の75％は若い女性だ」は、「顧客の75％の中身を説明すると若い女性になる」というわけです。

Apparently the popularity of the movie *Frozen* accounts for the sudden increase in the number of baby girls named 'Anna'.
どうやら、映画『アナと雪の女王』の人気で「アナ」という名前の女の子が急増しているらしい。

Politicians need to be able to account for the money they spend.
政治家は、経費の内容をいつでも説明できるようにしている必要がある。

ここにも注目🐾

Yama is somewhat angry, I'm afraid.
（申し訳ないですが、ヤマは少々怒り気味なんでございんす）

afraid は 15 章をはじめ、何度か出てきています。「怖がる」という意味でよく使われますが、申し訳ない気持ちを表すときにも使います。文頭や文末に I'm afraid を置くと、恥ずかしい気持ちを認める、または悪い知らせを伝えているというニュアンスが出て、申し訳なさが伝わります。

A: I'm afraid I can't come to the party tomorrow.
　悪いんですが明日のパーティーに行けそうにないんです。
B: That's too bad. Oh well, maybe next time.
　それは残念ですね。じゃあまた次の機会に。

53 notion

Confused, Hiro said, "The King?"

"The King," Sumi said, as if it were obvious. "Thus, I'm afraid we must insist that you leave all this food as it is. Otherwise, Yama might have the **notion** to hurt you in some way. That, I assure you, would be an extremely unpleasant experience."

"Are you threatening us?!" N asked.

"Why . . . . yes," Sumi said.

Kuro whispered to Miku, "Um . . . can we run away?"

Miku could tell that N and Hiro were getting ready to fight, despite the size of Yama and the others. She strongly doubted that they could win. Filled with anxiety, she suddenly had a **notion** of her own.

Stepping quickly in front of N, she said to Sumi:

"We want to meet this King!"

"What?!" Kuro said, shocked.

Sumi smiled his dangerous smile at her.

"As you wish," he said.

53 notion [ノウション]
idea
考え、意見、観念（名詞）

Otherwise, Yama might have the notion to hurt you in some way.
そうでないと、ヤマが何らかの形でそちらさんをいためつけようと思うかもしれません。

Filled with anxiety, she suddenly had a notion of her own.
不安にかられて、彼女は突然自分である考えを思いついた。

使い方アドバイス

notion は耳にするより目にすることの方が多い、改まった感じの単語です。会話では、急に思いついた考えやアイデア、何らかの意味で変わった感じの観念を notion と呼ぶことができます。そのため notion を使うと、自分の考えが突発的だったり、深く考えずに発言したと認めていることになります。新聞記事などで目にするときは、「考え自体は悪いとは限らないが、よく考慮されずに出た考えだ」という批判的な意味合いが含まれていることがしばしばです。ですから notion の前後にもネガティブな意味合いの単語が使われているはずです。

While I was eating lunch, I had a sudden notion to go ice skating.
昼食を食べているとき急に、アイススケートに行こうと思いついた。

The notion that aliens once visited Earth is radical.
宇宙人がかつて地球を訪れたという考えは大胆だ。

ここにも注目

Miku could tell that N and Hiro were getting to ready to fight.
（N とヒロが、戦うための心の準備をしていることがミクにはわかった）

can/could の後に tell を置くと、understand「わかる」や sense/perceive「感じとる」と同じ意味になります。相手がはっきり言ったわけではないけれど、何が起きているかわかるとか気持ちが理解できるということを伝えるときにぴったりの表現です。can/could tell は質問文でもよく使われます。

My grandfather can always tell when it's going to rain. His knees start to hurt.
私のおじいさんは雨が降るってわかるんだそうです。膝が痛くなるんだそうです。

A: **You don't like Mr. Nakamura, do you?**
中村さんのこと好きじゃないでしょう？

B: **No . . . but how could you tell?**
ううん、好きじゃないけど、なんでわかるの？

Part 4
The King

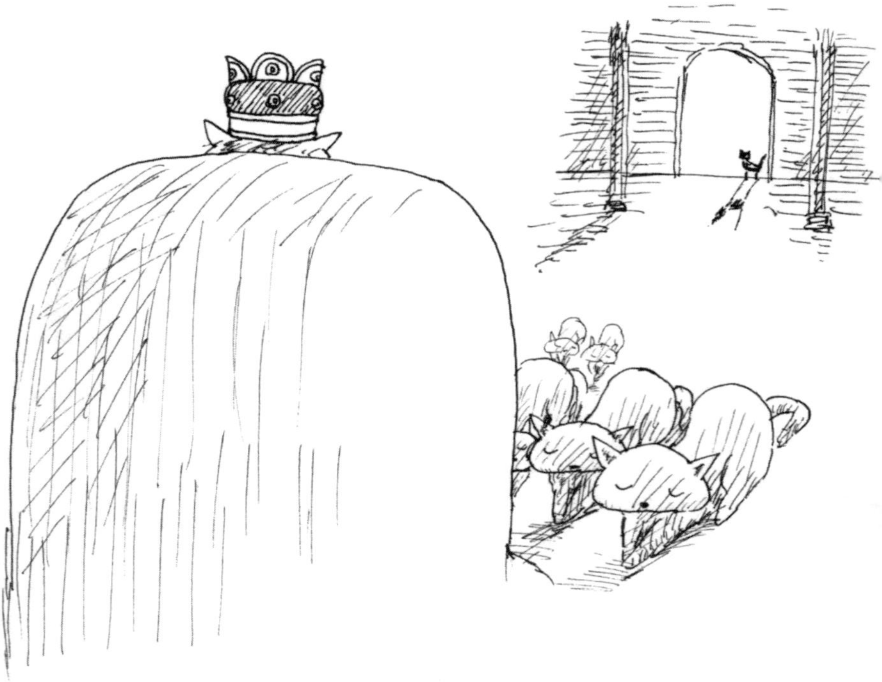

54 urban

Sumi and his gang led Miku and the others down a series of narrow **urban** streets. It seemed as if there were thousands of shops here. There were bright lights and neon signs of every color. Behind some of the doors, people were singing. Behind others, they were laughing and shouting.

"This is the real Tokyo," Miku thought. Living in the *Chateau du Chat*, she had never realized what true **urban** life was like. Now she did. It was busy and noisy and . . . wild.

"These cats are going to kill us!" Kuro whispered. "Are you crazy? What were you thinking?!"

"I don't know," Miku admitted. "Except . . . maybe this 'King' can help us!"

"Help us do what?"

"Find Lulu!"

"You *are* crazy!" Kuro said.

Was she? Was this all a big mistake? Well, it was too late now. They were going to have to deal with the consequences, whatever those might be.

54 urban [アーバン]
city
都市部の、都会の（形容詞）

Sumi and his gang led Miku and the others down a series of narrow urban streets.
スミと彼の一味はミクとほかのネコたちを都会のごちゃごちゃした道に導いて行った。

She had never realized what true urban life was like.
彼女は本当の都会生活がどんなものか全然わかっていなかった。

使い方アドバイス

urban は英語学習者の苦手な単語の一つで、形容詞なのに名詞として使ってしまいがちです。例えば My house is near the city. とすべきところを My house is near the urban. とするのは間違いです。urban を形容詞として正しく使いましょう。例えば area「地域」や environment「環境」という語とともに使うと、洗練された語句を作ることができます。また、逆の意味の形容詞は rural「田舎の」ですが、R と L の発音が非常に難しいのでよく練習しましょう。

According to the World Bank, more than 90% of Japanese people live in an urban environment.
世界銀行によると、90％以上の日本人が都市環境に住んでいる。

My house is near an urban area.
私のうちは都市部の近くにある。

ここにも注目🐾

They were going to have to **deal with** the consequences, whatever those might be.（彼らは結果がどうなろうとそれに対処するしかなかった）

〈deal with 〜〉は「(問題や困難)に積極的に対処する」ことです。扱いにくい人などに対応するときにも使えます。また Deal with it. とか You're going to have to deal with it. は、「問題に真っ向から取り組むしかないですよ」と直接的に忠告する表現です。

A: The customer support team is unhappy about the new sales policy.
顧客サポートチームは新しい販売方針に不満です。

B: Well, they're going to have to deal with it. It's not going to change in the near future.
でも、対応するしかないでしょうね。近々変わる気配はなさそうですから。

55 seek

All of a sudden, Sumi turned left down a path between two old buildings. Miku and the others followed nervously. It was dark in here, and there seemed to be no way out.

Worried, Hiro asked, "Where are we going?"

"Wait and see," Sumi said.

Kuro whispered to Miku, "Did you hear that? This is it!"

But then they heard a loud voice call out: "Who's there?!"

Two new cats emerged from behind a large piece of wood. Their eyes shone in the dark and **sought** out the visitors.

"Whaddya want?" one of the cats asked roughly.

"These cats behind me **seek** the King," Sumi said.

"Password?"

"*Princess*," Yama said.

For a second, Miku thought Yama was talking to her. 'Princess' had once been her nickname, in a manner of speaking. But no—'Princess' was the password! The two new cats stepped to the side and said:

"Enter."

55 seek [シィーク]
look for; try to find
探す、見つけようとする（動詞）

Their eyes shone in the dark and sought out the visitors.
彼らの目は暗やみで光って、訪問者を探し求めた末に見つけたようだった。
"These cats behind me seek the King," Sumi said.
「あっしの後ろにいるネコたちは王様を探しているんでやす」とスミが言った。

使い方アドバイス

seek は look for や try to find と同じように使えるレベルアップ表現ですが、会話より書き言葉で使いたい単語です。seek は企業や政府が掲げる目標に関する文書内や、警察が犯人を探しているというとき使われます。seek が探している物や人が見つかる確信の程度に関わらず使えるのに対し、句動詞の seek out は見つかる確信を持って探す、というニュアンスがあります。改まった感じがする seek ですが、「かくれんぼ」のことは hide and seek と言い、子供でも知っている単語です。

We are **seeking** strategies to improve our market position.
市場で我が社の存在を高めるための戦略を模索中です。
A teenager is being **sought** by police concerning a stolen vehicle.
警察は盗難車事件に関して、十代の人物を捜索中だ。

ここにも注目

"Whaddya want?" one of the cats asked roughly.
（「何の用だ？」とネコの1匹が乱暴に聞いた）

単語が連なって発音されるとわかりにくいというのは、多くの学習者が抱える悩みです。そこで、3語を連ねて発音している、whaddya という表現を見てみましょう。whaddya [ワダヤ] は what do you または what are you を会話で自然に発音した場合の発音をそのままつづったものです。その他よく連ねて発音される語句に didja (did you) [ディッジャ] や dunno (don't know) [ドノウ] があります。なお、書くときはよほどカジュアルな場合でない限りは一語ずつ書くようにしましょう。

A: Whaddya doin' tomorrow?
明日、何するの？
B: I dunno. You?
わかんない。あなたは？

Didja talk to Yuiko?
唯子と話した？

56 vast

Behind the large piece of wood was a tiny door that led into an abandoned building. Looking around, Miku could hardly believe her eyes. Inside was a **vast** amount of food. There was food everywhere, from the floor to the ceiling. Miku saw fresh cheese, fish, and meat. There were more cans of tuna and salmon than Miku could count, not to mention an equally **vast** number of bags of typical cat food.

"Is this . . . heaven?" Kuro asked in wonder.

"This is only the entrance," Sumi said.

56 vast [ヴァスト]
huge; extensive
巨大な、広範囲にわたる（形容詞）

Inside was a vast amount of food.
中にはものすごい量の食べ物があった。

There were more cans of tuna and salmon than Miku could count, not to mention an equally vast number of bags of typical cat food.
大量の典型的なキャットフードは言うまでもなく、同じぐらい数えられないほどのツナ缶や鮭缶があった。

使い方アドバイス

vast は huge の同義語ですが、vast の方が使われる状況が限られます。vast は number や amount といった数量に関する単語とともによく使われて、使われる状況が限られます。また、非常に広大なものを指す傾向があるので、The lake was vast.「湖はとても広かった」とは言えても The dog was vast. は不自然な感じがします。一方、huge はどちらの文にも使えます。

The vast majority of people who live in Japan are Japanese.
日本に住む大多数の人が日本人だ。

There's a vast difference in ability between high school baseball players and professionals.
高校の野球選手とプロ野球選手の間には能力の面で大きな隔たりがある。

ここにも注目

There were more cans of tuna and salmon than Miku could count, not to mention an equally vast number of bags of typical cat food.
（大量の典型的なキャットフードは言うまでもなく、同じぐらい数えられないほどのツナ缶や鮭缶があった）

not to mention は also「〜もまた」と同じ意味だといえますし、of course「もちろん」という意味でもよく使います。ストーリーのネコたちが蓄えている食べ物の中には、当然、キャットフードもあり not to mention を使って、この明白な点を強調しています。つまり「食べ物の中にキャットフードであるのはもちろんですが、念のため言っておきます」というニュアンスがよく伝わります。

A: **Haruka Ayase is one of the most popular actresses in Japan.**
綾瀬はるかは日本で最も人気のある女優の一人ですね。
B: **Not to mention one of the most beautiful!**
最もきれいな女優の一人だってことは言うまでもないしね！

57 | exist

The cats moved deeper into the building. In the next room, several extremely beautiful female cats were eating, sleeping, or otherwise relaxing on huge, soft pillows.

"I must be dreaming," Kuro said. "Does this place really **exist**?"

"I know what you mean," Hiro said. "Wow!" He noticed that Miku was looking at him with narrow eyes. He said to her, "Um, I was thinking about the food."

"Right," she said.

The next room was empty except for an enormous sofa, which looked very, very comfortable. The cats stopped. Sumi called out:

"O' King of the Cats, greatest cat who has ever **existed**, it is I, Sumi. If it please your Highness, there are visitors to see you."

For a few minutes, there was silence. Then a familiar voice said:

"Yeah, yeah, I'm coming."

When the 'King' emerged from around a corner, Miku had the shock of her life.

57 exist [イグジスト]
be real
実在する、存在する（動詞）

Does this place really exist?
こんな所が本当に存在するのか？

O' King of the Cats, greatest cat who has ever existed, it is I, Sumi.
ネコの王様、今まで存在したネコの中で最も偉大なネコ様、スミでやんす。

使い方アドバイス

exist は英語学習者が使いすぎる傾向にあり、また不自然な使い方をされることが多いので注意しましょう。例えば Last week I went to the festival that existed in Toyama. や There exists many of my good friends in Osaka. といった文をよく目にします。でもどちらの場合も exist でなく was や are などの be 動詞を使う方が適切です。exist は実在しない可能性のある物事に関する文や絶対に実在しないことを証明したり、歴史や未来について話題にするときに適切な単語です。

Some people claim that dinosaurs never **existed**.
恐竜がまったく存在しなかったと信じる人もいる。

Many types of jobs won't **exist** thirty years from now, in manner of speaking, because robots will do them.
ある意味、30 年後にはいろいろな仕事が存在しなくなっているだろう。というのもロボットがそれらの仕事をするからだ。

ここにも注目🐾

"I know what you mean," Hiro said.（「まったくです」とヒロが言った）

mean の用法はたくさんありますが、I know what you mean.「(直訳) あなたの言わんとすることはわかります」というフレーズは会話でもっと使ってほしい表現の一つです。何かの様子についてのコメントの応答としてや 100％の確信はないけれど多分そうだろうと推察するときのコメントとしてよく使われます。例えば、直接的なコメント、It's sunny outside. に I know what you mean. と答えるのは不自然ですが、That sun!「日光が！」などと天気のよさを間接的に言い表す発言に応答するにはぴったりです。

A: I need a beer.
　ビールが飲みたいな。
B: I know what you mean. It's been a long day.
　まったくです。長い一日でしたからね。

58 gain

"Taka!!" Miku and Hiro said at the same time.

It was really him, the cat who had led them to Tokyo! He had gotten a little fat, but otherwise he was still the Taka that Miku remembered. "Hiro!" he said. "Miku! How are you?!" He looked at her more closely. "Have you **gained** weight?"

Hiro glanced at her. "Huh?"

"I've **gained** weight? Look at you!" Miku said to Taka. Then she quickly changed the subject. "I thought I would never see you again! I can't believe it!"

Sumi couldn't believe it, either. "*You're* friends with the King?"

"Good friends!" Taka said. "Hiro and Princess Miku, after all this time."

"The woman behind the password," Yama whispered.

58 gain [ゲイン]
increase in some way
何らかの形で増加する（動詞）

> **Have you gained weight?**
> 太ったか？
> **I've gained weight? Look at you!**
> 太ったですって？　あなたこそ！

使い方アドバイス

gain は英語学習者の間で不自然な形で使われることが多い単語です。例えば「英語力をつけたいです」を I want to gain good English power. と訳したり、「(何かを)もらいたい」というのを I want to gain it. とするのは不自然です。本来、gain は「体重が増える」ことや株価の変動など「時間、価値などが増す」ことを意味します。

> My son has **gained** a lot of confidence since he started college.
> 息子は大学に入って、すっかり自分に自信をつけたようです。
> Our company has gradually been **gaining** market share.
> 我が社は徐々に市場シェアを伸ばしてきています。

ここにも注目

Then she quickly changed the subject.（そして彼女は急いで話題を変えた）

change the subject は、あることを話したくないので、話題を変えて話の矛先をそらすことです。気乗りがしないとき、下の最初の例文のようにはっきりと話題の変更を提案することもできますし、さりげなく変えることもできます。なお、Don't change the subject. という否定の命令文は、友人や目下の人に問題に直面するよう促す表現になりますから、目上の人に使うと挑戦的な感じがするので気をつけましょう。

> A: Bonus season is coming! How much do you think we'll get?
> もうすぐボーナスの時期だね！　いくらもらえると思う？
> B: Let's change the subject. It's bad luck to talk about bonuses.
> 話題を変えよう。ボーナスの話をするのは縁起が悪いよ。

> A: So when do you intend to talk to Keiko?
> それでいつ、恵子に告白するつもりだい？
> B: I don't know. By the way, did you see the game last night?
> さあね。ところでさあ、昨日の試合見た？
> A: Don't change the subject. You have to tell her how you feel!
> 話題を変えるなよ。告白するべきだよ！

59 deny

Sumi threw himself on the floor in front of Miku.

"I'm sorry!" he cried. "When I saw you on the street, I had no idea it was you, the King's princess!"

Taka said, "Well, actually—"

"You must have been hungry!" Sumi continued. "I **denied** you the chance to eat! Please, what would you like? Salmon? Milk? Mouse cake?"

Miku could not **deny** that she was hungry. "Salmon and milk, thank you," she said. "I'll pass on the mouse cake."

Sumi jumped up. "Certainly!" he said.

"For the others, too," Taka said, indicating Hiro, Kuro, and N.

"Of course! We'll be back!"

Sumi, Yama, and the rest of the gang rushed out.

"Are they always like that?" Kuro asked.

"Sort of," Taka said.

"Taka, what are you doing here?" Hiro asked. "Why do they call you the 'King'?"

"It's a long story," Taka said.

59 deny [ディナイ]
refuse; disagree
否定する；反対する（動詞）

> **I denied you the chance to eat!**
> 食べる機会を差し上げませんでした！
>
> **Miku could not deny that she was hungry.**
> ミクは空腹だということを否定することはできなかった。

使い方アドバイス

deny は微妙な意味合いがあるので注意して使いましょう。正しく使うコツは、否定する内容を具体的に説明することです。例えば I denied my son. は何を否定したのかが不明瞭です。代わりに I denied that my son was right.「息子が正しいとは認めなかった」I denied my son's request.「息子の要求を認めなかった」I denied my son a new car.「息子が新車を買うのを認めなかった」などと具体的に説明します。

> **Until 2015, women were denied the right to vote in Saudi Arabia.**
> 2015年まではサウジアラビアの女性に選挙権が認められていなかった。
>
> **Very few scientists deny that global warming exists.**
> 地球の温暖化を否定する科学者は非常に数少ない。

ここにも注目 🐾

I'll pass on the mouse cake. (ネズミ・ケーキはまたにします)

I'll pass. は申し出や招待を断るときに「私は結構です。飛ばしてください」「またの機会にします」という意味で使います。pass は I passed the test! のように「合格する」という意味でもおなじみなので、逆の意味のような気がするかもしれませんが、ゲームで順番を飛ばしてほしいときに言う「パス」に似ていると考えるとわかりやすいと思います。英語では少しカジュアルで直接的な感じがするので、改まった場面や目上の人から何かを勧められたときに言うのは控えましょう。

> A: **Wanna go bowling?**
> ボーリング行かない？
> B: **No, thanks. I'll pass.**
> いや、いいよ。やめとく。
>
> A: **How did the meeting go? Did they accept your proposal?**
> ミーティングはどうだった？　企画は通った？
> B: **No. They passed.**
> ううん、だめだった。

60 incident

The cats sat on the huge sofa and listened to Taka.

"I assume you recall that **incident** at the train station with those two dogs," he said to Miku and Hiro.

"I'll never forget it," Hiro said. "Though N and Kuro weren't there, of course."

"Right." To N and Kuro, he said, "Let me back up. We were on our way to Tokyo—me, Miku, Hiro, and another cat."

"Lulu," N said darkly.

"Right. You know this story? Anyway, Hiro had been hurt in a previous **incident**, so we were resting under a train platform. Two enormous dogs found us."

"I had the idea to jump on a bar next to the wheels of the train," Hiro said. "We got on, but the train wasn't moving fast enough for us to escape. Taka attacked the dogs to save us."

"And after you left," Taka said, "I was really in trouble."

60 incident [インスィデント]
a 'happening', usually one that's negative or strange
ハプニング、大抵の場合よくないまたは奇妙な出来事（名詞）

I assume you recall that incident at the train station with those two dogs.
あの２匹の犬との駅での出来事覚えてると思うが。

Hiro had been hurt in a previous incident.
ヒロはその前に起きた出来事でケガをしていた。

使い方アドバイス

英語学習者は happening という単語を多用しがちですが、実は incident という単語の方が適している場合が多いものです。例えば「昨夜、あることが起きた」というとき、There was a happening last night. と言うのは不自然で incident のほうが適しています。通常 incident はポジティブな出来事には使わず、変わった事象について使い、ときには面白いことを指すときにも使えます。ポジティブな出来事の場合は We had a good time. のように time を使うことが多いです。

A young woman is being sought by police concerning two knife-related incidents.
警察は包丁が関わる二つの事件について、若い女性を捜索中だ。

Did you hear about the incident at the office yesterday?
昨日、オフィスで起きたこと聞いた？

ここにも注目

Let me back up.（話を以前に戻そう）

Let me back up. は話を少し戻して説明する必要があるとき、よく使う会話表現です。back は動詞で back in time「時間的に戻る」という意味です。この表現は質問文や命令文でも使え、話し手に追加の説明を要求することもできます。

A: . . . and so after he married his third wife, he moved to Kyoto, and then—
……それで彼が３番目の奥さんと結婚した後、京都に引っ越して、それで——

B: Can you back up? What do you mean, his "third wife"? I thought he had only been married twice.
話を少し戻してもらえますか？「３番目の奥さん」ってどういうことですか。彼、２回しか結婚してないと思ってました。

61 eventually

"The dogs chased me around and around the train station," Taka said. "**Eventually** I was too tired to keep running. I didn't know how I was going to prevent the dogs from killing me, but I was too tired to care. I stopped under a train and said, 'Come and get me, you stupid dogs!'

"They both jumped right at me. At that moment, though, the train started to move. Both of the dogs hit their heads on a bar and fell to the ground."

"Talk about lucky!" Hiro said.

"No kidding," Taka agreed. "I watched them for a while, but they didn't get up. Most cats would have just left, but for some reason I didn't. I watched and watched, but they still didn't get up. **Eventually** I got bored watching and walked over to them."

61 eventually [イヴェンチュアリー]
in the end, after a certain amount of time; finally
最後に、あげくの果てに、とうとう（副詞）

Eventually I was too tired to keep running.
とうとう疲れ果てて走り続けられなくなった。

Eventually I got bored watching and walked over to them.
しまいにオレは見るのに飽きて、そいつらのところに歩いて行った。

使い方アドバイス

eventually は finally の代わりに使える単語ですが、微妙な違いがあります。eventually は長い間待ってやっと何かが起こるときに使うことが多いです。ですから単なる手順の最終ステップであれば eventually は不自然で、finally が適しています。

Eventually robots will do many of the jobs that people do now.
最終的には、今人間がやっている仕事の多くをロボットがすることになるだろう。

Wife: Have you talked to your mother about our summer plans?
妻：私たちの夏の計画、あなたのお母さんに話してくれた？
Husband: Not yet. I'll do it **eventually**. There's no hurry, right?
夫：いや、まだ。そのうち言うよ。急いでないだろう？

ここにも注目🐾

"Talk about lucky!" Hiro said.（「ラッキーとはこのことですね！」とヒロが言った）
talk about ～！は、ある点を強調したいときのカジュアルな表現です。ストーリーのヒロのコメントのように「（よいタイミングで電車が動き出して）本当に幸運だったね」と言いたいとき、間髪を入れず talk about ～！を使ってコメントすると、とても自然な感じがします。ただし、くだけた言い回しなので会議など改まった場合で使うのは避け、パーティーなどリラックスした雰囲気のときに使いたい表現です。なお、この表現は相手の発言に対する応答というより、自分の強調したい点、または相手も自分も同意する点について強く言いたいときの表現です。

A: How was your trip?
旅行はどうだった？
B: It was great, but we ended up biking almost 100 kilometers every day. Talk about tiring! Every night I fell asleep at 8 p.m.
すごくよかったよ。でも毎日 100 キロ近く自転車で走ったんだ。疲れたのなんのって！　毎晩午後 8 時には寝ていたよ。

62 slightly

"Wow," Kuro said. "There's no way I would have done that."

"It was kind of stupid," Taka admitted. "I think I assumed they were dead. But after I walked over there, one of the dogs moved his head **slightly**. Hardly at all, really—I barely saw it. Then he opened his eyes.

"'What . . . what happened?' he said.

"Apparently he didn't remember anything! All at once, I had a great idea. I told him that I had beaten him and his friend in a fight.

"'You . . . you must be the King of all cats,' he said.

"'Um . . . yes . . . that's right,' I said.

"When he spoke again, he sounded **slightly** afraid. He whispered, 'Are you going to kill me?'

"That's when I decided to take advantage of the situation," Taka said.

62 slightly [スライトリー]
just a little
ほんの少し（副詞）

> **One of the dogs moved his head slightly.**
> 犬の1匹が頭をちょっと動かしたんだ。
> **When he spoke again, he sounded slightly afraid.**
> そいつがまた口をきいたとき、ちょっと怖がってるように聞こえた。

使い方アドバイス

英語学習者は a little を多用する傾向があるので、slightly も使ってみましょう。slightly の方が若干フォーマルな感じで、より少ない量や低い度合いを指します。例えば、最初のテストで 70 点を取り、次のテストで 75 点だったら a little（または 30 章に出てきた somewhat）を使って成績の向上を表すことができます。でも 70 点から 72 点に上がった場合、a little では言い過ぎの感があるので、slightly がぴったりです。ただし、人によっては a little と slightly を全く同じように使う人もいます。なお ever so slightly は、very slightly「本当に少しだけ」という意味の定型表現です。

> At 4:30 in the morning, it was still dark outside, but it was beginning to get brighter ever so **slightly**.
> 明け方の4時半でまだ外は暗かったが、ほんの少し明るくなり始めていた。
> I'm feeling **slightly** better, but I'm still not ready to go back to work.
> ほんの少し体調がよくなったが、まだ会社には行けそうにない。

ここにも注目🐾

That's when I decided to take advantage of the situation.
（状況をオレの得になるように利用してやろうと決めたのは、ちょうどそのときだった）

advantage「長所」は「アドバンテージ」というカタカナ語でなじみがありますが、take advantage of は使うときに注意が必要です。基本的な意味は「人や物を自分の利益になるように利用する」です。次の1番目の例文のようによい意味でも使えますが、take advantage of someone と「人」が関わる場合には、自分の利益だけを考えているというネガティブな意味合いが出てきます。

> We took advantage of the sunny weather and went to the seaside.
> よい天気だったのを利用して、私たちは浜辺に行った。
> A: I'm going to drive Mrs. Tanabe to the shopping mall.
> 田辺さんを車で買い物に連れて行って来るね。
> B: Again? I think she's taking advantage of you.
> また？　彼女、あなたのこと利用していると思うな。

63 depend

"I looked down at the dog and said, 'I might kill you . . . or I might not,'" Taka said. "'It **depends** on your behavior. If you do everything I say from now on, I will let you live.'

"The dog got up as fast as he could. 'Oh, thank you,' he said. 'Thank you, thank you, O' Great King. I promise to carry out all your commands.'

"'You'd better,' I said roughly. 'Your life **depends** on it.'

"I was a little worried about the other dog, who was still asleep," Taka admitted. "But when he woke up, he agreed to do everything I said, too. And, just like that, I became a king!"

63 depend [ディペンド]
be decided by
　〜による（動詞）

It depends on your behavior.
お前の行動次第だ。
Your life depends on it.
命がかかってるんだからな。

使い方アドバイス

depend には主に2つの意味があります。一つは「〜によって決まる」で、もう一つは「〜に頼る」です。英語学習者は2つ目の意味の方がうまく使えるようです。でも何かを決めがたいとき、depend はとても役立つ単語です。I don't know. や I'll do X or maybe I'll do Y. と言う代わりに depend を使ってみましょう。(It) depends.「時と場合によります」と大ざっぱに言うこともできますが、on や upon を使って何次第なのか具体的に言うのが一般的です。

We're going to go fishing this weekend, **depending** upon the weather.
この週末、天気によっては釣りに行くつもりです。

Colleague A: Are you going to meet with Nakayama next week?
同僚A：中山と来週会う予定？
Colleague B: **Depends**. I might have to go to Hokkaido instead.
同僚B：場合によるな。代わりに北海道に行かないといけないかもしれないんだ。

ここにも注目

I promise to carry out all your commands.
(あなたの命令は何でも聞くことを約束します)

carry out は do「する」という意味の句動詞ですが、定期的に行っている習慣については普通は使いません。ですから I carried out my homework. は不自然な感じがします。なお carry out は、どちらかというと実行するのが難しいことに対して使います。ストーリーのように命令を実行する場合にはぴったりです。

The government intends to carry out an extensive study of English education methods.
政府は英語教育法に関する広範囲にわたる研究を実施したいと考えている。

Employee: This is a difficult job.
従業員：これは難しい仕事です。
Manager: True, but I'm sure you'll be able to carry it out.
マネージャー：確かに。でも君ならきっとやり遂げると信じているよ。

64 rely

"Unbelievable!" Miku said.

"You can say that again," Hiro agreed. "But how did you get here, to Tokyo?"

"The dogs brought me!" Taka said. "It took a while, but one of them is originally from Tokyo. You can always **rely** on dogs to find their way home eventually."

"That's true," Kuro admitted. "There's no way I could **rely** on a dog, though. I'd be too nervous. I definitely couldn't walk next to two of them all the way from some distant place to Tokyo."

"Who said anything about walking?" Taka said. "I made them carry me!"

64 rely [リライ]
depend
頼る、依る（動詞）

You can always rely on dogs to find their way home eventually.
犬は必ず最終的には自分の家に帰るもんだからな。

There's no way I could rely on a dog, though.
でも犬に頼るなんてオレには絶対できないな。

使い方アドバイス

rely は depend と同じように「頼る、依る」という意味で、on [upon] と一緒に使われることが多いです。ただし rely の意味には微妙な違いがあります。まずストーリーで使われているように、rely は on の後に置く物や人を信頼していることを暗に示します。また、下の例文のような場合には on の後の物や人を必要としていることを示唆します。

Some older people **rely** on the government for their income.
高齢者の中には収入を政府に頼っている人もいる。

My parents both worked when I was a child, so I **relied** upon my sister to take care of me.
子供のとき両親が共働きだったので、姉に世話してもらっていた。

ここにも注目

"Who said anything about walking?" Taka said.
(「だれが歩くなんて言った？」とタカが言った)

Who said anything about ～? は会話で、相手の思い違いを正すときに、質問形で応答する表現です。通常、冗談っぽく軽い感じで言うフレーズですが、場合によっては無礼な感じがすることもあるので、使う状況に注意しましょう。

A: I finally got a new computer yesterday.
昨日、とうとう新しいコンピューターを買ったんだ。

B: Which version of Windows is it?
どのバージョンのウィンドウズ？

A: Who said anything about Windows? It's a Mac!
だれがウィンドウズって言った？ 買ったのはマックだよ！

65 stuff

"The dogs *carried* you?" Hiro asked.

"It's true!" Taka said. "It was like the way humans ride on horses. It was sort of fun. And useful as well, because once we got to Tokyo and the cats here saw that I had two dogs under my control, they decided that I must be a king, too. They started giving me food, pillows, all kinds of **stuff**. So, as you can see, I found paradise in Tokyo after all."

Miku couldn't deny that. Sumi and Yama came in with milk and lots of salmon; in fact, they brought can after can of the **stuff**.

How did they open the cans by themselves?

Miku was too hungry to care. For a few minutes she and the other cats ate happily without saying anything. Then Hiro raised his head slightly, as if he had thought of something.

65 stuff [スタッフ]
things; material
もの；物質（名詞）

They started giving me food, pillows, all kinds of stuff.
彼らはオレに食べ物や、クッションやいろんな物を持ってき始めた。
In fact, they brought can after can of the stuff.
事実、缶を次から次へと持ってきた。

使い方アドバイス

stuff はさまざまな物を指すのに使える単語です。どんな物にも使え、数えられるかどうかにもかかわらず使えます。ストーリーでタカが使っているように、さまざまな種類の物が含まれていることを示唆したり、実体がわからない物を指すときや抽象的な意味でも使うことができます。多用されがちなthingの代わりに、stuff も使ってみましょう。ただし stuff は数えられない名詞なので stuffs とはしません。なお、発音もスペルも少し違う staff は「人」を指す別の単語です。

A: Is this your first time to a Greek restaurant?
　ギリシャ料理のレストランに来るのは初めてですか？
B: Yes. What's that white **stuff** in the bowl over there?
　はい。あのボウルの白い物は何ですか？
A: It's called *tzatziki*. It's yogurt with cucumbers and garlic.
　それはザジキという物です。キュウリとニンニクの入ったヨーグルトですよ。

A: Let's go get a beer.
　ビール飲みに行こうよ。
B: Not tonight, sorry. I've got some **stuff** to do at home.
　悪いけど、今晩はだめなんだ。家ですることがあるんだ。

ここにも注目 🐾

So, as you can see, I found paradise in Tokyo after all.
（それで、こんなふうに、結局オレも東京で天国を見つけたってわけさ）

after all「最後に」は、何かが予期せずに起きたことを暗に指します。タカの発言を言い換えると So, as you can see, despite everything that happened, in the end I found paradise in Tokyo. となり、「いろいろ起きたことにかかわらず最後には」という含みがあります。

Yui said she didn't want to go to the concert tomorrow, but apparently she's going to join us after all.
唯は明日コンサートに行きたくないと言っていたが、結局のところ行くようだ。

66 | currently

"Can we back up?" Hiro asked Taka. "You said when you came to Tokyo, you had the two dogs under your control."

"Right," Taka said.

"Does that mean the dogs are still with you? **Currently**?"

"Of course," Taka said. "As a matter of fact, they're **currently** in the next room." Then he called out, "Stupid One! Stupid Two!"

Immediately two huge dogs ran in.

"Yes, King?" one of them said.

"Can we help you, King?" the other one asked.

66 currently [カレントリー]
now
今（副詞）

Does that mean the dogs are still with you? Currently?
ということは犬はまだあなたと一緒にいるってことですか？ 今も？

As a matter of fact, they're currently in the next room.
事実、やつらは今、隣の部屋にいるぜ

使い方アドバイス

currently は now の代わりに使えるレベルアップ表現です。ただし、now の方がより幅広い状況で使えます。currently は、過去から現在にかけて引き続き起きていることや進行中の事象について使います。ですから I'm currently leaving the house. と言うのは不自然です。なぜなら家を出る行為は、短い時間で完了するからです。一方、夕食を作る場合などは時間がかかるプロセスなので、I'm currently making dinner. と言うことができます。

The exchange rate is **currently** 120 yen to the dollar.
為替レートは現在、1ドル120円だ。

I'm **currently** living in Chiba.
今は千葉に住んでいます。

ここにも注目

"As a matter of fact, they're currently in the next room."
（事実、やつらは今、隣の部屋にいるぜ）

as a matter of fact は in fact に代わる表現です。両方とも「事実」という意味ですが、as a matter of fact は、特に、事実の内容が聞き手にとって意外な感じがするかもしれないとき、文頭や文末に置きます。

A: I love *natto* for breakfast, don't you?
　朝ご飯に納豆って最高だよね。
B: As a matter of fact . . . no. I've never gotten used to the smell.
　実は……いや、そんなことない。においにどうも慣れないんだよね。

A: When is your mother's birthday?
　あなたのお母さんの誕生日はいつですか？
B: No idea. I don't even know how old she is, as a matter of fact.
　さあ。実を言うと、彼女が何歳かも知らないんです。
A: Seriously?
　本当ですか？

67 handle

"Aaahhhhh!"

Miku, Hiro, N and Kuro jumped up, their eyes full of fear. The enormous dogs glanced at them. Taka laughed.

"Don't worry," he said to Miku and the others. "I can **handle** these dogs." To 'Stupid One' and 'Stupid Two' he said, "These are my friends. You will never, ever hurt them, is that clear?"

"Yes, King," Stupid One said.

"Never hurt," Stupid Two said. "Nice to meet you."

"Uh . . . you, too," Hiro said.

Taka dismissed the dogs, who ran out. "See?" he said. "I told you I could **handle** them. Anyway, you've heard my story. What happened to all of you after that train incident? Speaking of which, where's Lulu?"

"Actually," Miku said, "that's why we're here."

She proceeded to tell him the whole story. When she was finished, Taka jumped up. "You should have told me about this right away! We've got to help her! Let's go!"

67 handle [ハンドー]
manage; deal with
扱う；(問題などに) 対処する (動詞)

> **I can handle these dogs.**
> 犬どものことはオレが扱えるって。
> **I told you I could handle them.**
> 扱えるって言っただろ。

使い方アドバイス

日本語で言う自動車のハンドルは英語では steering wheel と言います。ドアや道具についている「取っ手」は英語でも日本語でも handle, ハンドルと言います。そして、英語の handle にはこれらの名詞での意味以外に「(難しい物事) を扱う、コントロールする」という意味の動詞があり、より一般的です。特に、会話で人や状況に対応する能力の有無について話すときによく使われます。なお、カタカナになっている「ハンドルネーム」は handle を名詞として使っている例です。

> Yoshimura is currently **handling** all new accounts.
> 吉村さんが現在、新しい取引先をまとめて対応しています。
> She's been working 18 hours a day for two weeks. I don't think she can **handle** it anymore.
> 彼女は2週間毎日18時間働いてる。これ以上やれそうにないと思うよ。

ここにも注目🐾

Speaking of which, where's Lulu? (そういえば、ルルはどこだ？)

speaking of which は今話している話題に関連して、突然何かを思い出したり、気づいたりしたとき、コメントの前に入れる挿入句です。by the way に似ていますが、by the way が会話の話題を変えるときに使うのに対し、speaking of which は進行中の会話に関連していることがポイントです。

> A: I heard you're going to Nagano for the winter vacation.
> 冬休みに長野に行くんだってね。
> B: Yes. Speaking of which, can I borrow your snowboard?
> うん、長野と言えば、スノーボード借りていい？

> A: Are you sure you can handle this business trip that's coming up?
> 今度行くことになっている出張、本当に対応できるかい？
> B: Absolutely. But speaking of which, I need some information from your section before I go.
> 絶対大丈夫。そのことだけど、行く前にお宅の課から情報をもらいたいんだけど。

68 presence

Meanwhile, in apartment 902, the boy was being very, very quiet, but Lulu could still feel his **presence**. She was hiding in a small space behind a box in the boy's closet. The box was on top of a cabinet, high off the floor, so he would not think to look there at first.

He would find her eventually, however.

Her only hope was for him to open the bedroom door and look away. If he did that, maybe she could jump down and get out of the room without him noticing her **presence**.

Of course, the question was, then what? How could she get out of the apartment? She had been going over the problem again and again in her mind, but she still had no solution for it.

68 presence [プレゼンス]
being in a place
存在、ある場所にいること（名詞）

Lulu could still feel his presence.
ルルは今もなお彼の存在を感じることができた。

If he did that, maybe she could jump down and get out of the room without him noticing her presence.
そうしてくれれば、彼に存在を気づかれず、飛び降りて部屋を出られるかもしれなかった。

使い方アドバイス

presence は書き言葉で頻繁に使われる単語です。例えば、科学者が何かが存在するかどうか論じる場合に使います。また、以前には存在しなかった人や物が現れた、もしくはそこに存在することが驚くべきことだと報じる記事にも presence は使われます。宗教に関する文章にも the presence of God「神の存在」などというフレーズでよく登場します。

Scientists have recently invented a new tool to detect the presence of cancer cells in the brain.
科学者は最近、脳内にガン細胞があるか見つけ出す新しい機器を開発した。

There was a large police presence at the Tokyo Marathon.
東京マラソンの際には多くの警官が出動した。

ここにも注目

She had been going over the problem again and again in her mind.
（彼女はその問題について何度も何度も頭の中で考えた）

go over は「何かをよく調べたり、考えたりする」という句動詞で、話し合ったり、チェックしたりするというニュアンスでディスカッションの際によく使われます。また have been over という完了進行形も、同じ意味で使われます。

A: **There's something about this contract that seems wrong to me.**
この契約書のどこかが、腑に落ちないんですが。
B: **Me, too. Let's go over it again.**
私もです。もう一度見直してみましょう。

A: **I want to talk about winter bonuses.**
冬のボーナスについて話し合いたいんですが。
B: **No. We've already been over this.**
いや、この件はもう終わっているはずだ。

69 lean

Lulu **leaned** to the side so that she could look into the room. The boy had a baseball bat in his hands. He stuck the bat into a pile of clothes and other stuff, thinking that she was under it. When he didn't find her, he walked in front of his desk. He didn't see her on top of it or below it. He **leaned** to the right to look in the space between the desk and the wall. No Lulu.

He knew she was in the room, but he couldn't figure out where. Mad now, he hit the desk with the bat. Wham! The sound was so loud that Lulu jumped without meaning to. Very afraid, she put her head back behind the box again.

69 lean [リーン]
move to be at an angle to the ground, not straight
乗り出す、曲げる、傾く（動詞）

Lulu leaned to the side so that she could look into the room.
ルルは部屋の中が見えるように、片側に身を乗り出した。

He leaned to the right to look in the space between the desk and the wall.
彼は右の方に体を曲げて机と壁の間のすき間をのぞいた。

使い方アドバイス

lean は具体的な意味でも抽象的な意味でも使えます。具体的な意味では、ある方向に人や物が曲がっている場合、lean と言うことができます。体が前後や右左に傾いている状態、さらに壁や人に寄りかかる場合にも使います。何かに寄りかかるということは、それに近づいているわけです。ですから寄りかかっている物や人を「選ぶ可能性が強い」という抽象的な意味でも lean を使います。さらに〈lean on ＋人〉は、その人に何らかの形で助けてもらう、頼ることになります。lean の後には on や against や toward などいくつかの前置詞を置くことができます。

A: Who are you intending to vote for on Sunday?
日曜日、だれに投票するつもりですか？
B: I'm **leaning** toward Nishikawa but I haven't decided yet.
西川氏に傾いているんですが、まだはっきりとは決めていません。

When life is hard, it's good to have friends you can **lean** on.
人生が大変になったとき、頼れる友達がいるのはいいことだ。

ここにも注目

He knew she was in the room, but he couldn't figure out where.
（彼は彼女が部屋にいることはわかっていたが、どこにいるかはわからなかった）

figure outはイギリス英語よりアメリカ英語で頻繁に使われます。基本の意味は「理解する」ですが、問題を解決しようとするときや混乱を招く状況を整理するときに主に使うことから、solve「解決する」と類似語だともいえます。

A: Do you still need help with that math problem?
数学の問題解くの、まだ手伝ってほしい？
B: No, thanks. I figured it out.
ううん、もういい。自分で答えられたから。

70 fair

The boy shouted, "Where are you, you stupid cat!"

Lulu shook with fear as she heard the boy coming closer and closer. Why was this happening to her? She had escaped! She was free! And now this!

It wasn't **fair**!

Some cats lived their whole lives peacefully. They never had any trouble at all. But she had somehow ended up with this terrible boy not once but twice!

"Life isn't **fair**," her mother had often told her. Of all her mother's sayings, it was her least favorite. As a matter of fact, she hated that sentence. Maybe life wasn't **fair**, but it should be!

The boy had reached the closet and was hitting everything with his bat. He was making a lot of noise. Suddenly, Lulu heard the door open.

"What are you doing?!" the boy's mother said.

70 fair ［フェアー］
equal or right, especially from a moral view
公平または正しい、特に道徳的な意味で平等な（形容詞）

It wasn't fair!
公平じゃない！
"Life isn't fair," her mother had often told her.
「人生って公平じゃないのよ」と彼女の母親はよく彼女に言っていた。

使い方アドバイス

fair は名詞、形容詞、副詞として使われます。名詞としてはカタカナで「フェア」と言うのと同じ「公平さ」という意味です。形容詞としても同様の意味を持ちます。反意語の「アンフェア (unfair)」もテレビドラマのタイトルでおなじみです。形容詞としての fair は、不公平なことに不満を言う場合に否定形でよく使います。アメリカでは親が自分以外の兄弟をひいきしていると感じたとき That's not fair! と言って不満を表します。大人でも不平等な扱いを受けたとき、よく not fair を使います。

It's not **fair** to pay women less than men for the same work.
同じ仕事をしているのに、女性は男性より低い賃金しか得られないのは不公平だ。

Mother: Matt, you can have two cookies. Sam, you can have one.
母親：マットはクッキーを 2 枚食べていいけど、サムは 1 枚ね。
Sam: That's not **fair**!
サム：そんなの不公平だよ！

ここにも注目

Of all her mother's sayings, it was her least favorite.
（彼女の母親がよく言っていたことの中で、それは彼女が一番好きでないものだった）

hate や dislike は英語では「憎む」「嫌う」という動詞で、形容詞ではありません。ですから My hate food is *natto*. は間違いです。文法的にも間違っていますが、hate は「憎んでいる」という強い意味なので、食べ物の好き嫌いに使うには少し強すぎる感じがします。そこでソフトで丁寧な言い方として least favorite を使ってみましょう。favorite「好きな」という形容詞に least をつけると「好きとは言えない、嫌いな、苦手な」という意味です。

Ikura is one of my least favorite types of sushi.
イクラは一番苦手な寿司ネタの一つだ。
My least favorite thing to do on Sunday is to go shopping.
日曜に一番したくないことは、買い物に行くことだ。

71 primary

"Stop that!" the boy's mother said. "What's the matter with you?!"

She took the bat from the boy and threw it on the floor. Then she turned him around and hit him on his bottom several times with her hand. In consequence, the boy started to cry.

Lulu, still hiding behind the box in the closet, didn't see any of this, but she could hear it. Her **primary** feeling was relief, but she was sad as well. She didn't want anyone to be hit, not even the boy.

Eventually she heard the two of them leave the room. She waited a while longer, just to be on the safe side. Then she leaned to look around the corner of the box. The room was empty ... and the door was open!

The **primary** thing to do now was to get out. Jumping down from the closet, Lulu ran to the open door.

71 primary [プライマリー]
most basic or important
最も基本的な、または重要な（形容詞）

> **Her primary feeling was relief, but she was sad as well.**
> 彼女が最初に感じた気持ちは安堵だった。が、彼女は悲しくもあった。
> **The primary thing to do now was to get out.**
> 今、まずすることは出て行くことだった。

使い方アドバイス

primary は primary school「小学校」という語でおなじみですが、なぜ primary school というのかを考えてみましょう。小学校では読み書き・算数はもちろん、社会での行動規範など基本的かつ重要なことを学びます。つまり、primary は「基本的な、重要な」という意味をもち、多用されがちな important に代わる単語でもあります。goal「目標、目的」、need「必要性」、thing「物事」などの単語と一緒によく使われます。

> **The primary goal of this program is to help poor families.**
> このプログラムの基本的な目的は、貧困家庭を援助することです。
> **Our primary need is for volunteers.**
> 私たちが最も必要としているのはボランティアをしてくれる人たちなんです。

ここにも注目🐾

She waited a while longer, just to be on the safe side.
（彼女は念のため、もう少し待った）

「(直訳) 安全な側にいるために」から推測できるように、「念のため」という意味のフレーズです。何かを決めたりする前に、注意深く物事を進めたいときに使います。

A: **Will five copies of the report be sufficient?**
　報告書のコピーは 5 部で足りますか？
B: **Make ten, to be on the safe side. I'm not sure how many people are going to come to the meeting.**
　念のため 10 部作っておきましょう。会議に何人出席するかわからないので。

A: **This suitcase is heavy! What's in it? We're only going to be gone for two days!**
　このスーツケース重いね！　何が入っているの？　二泊しかしないのに！
B: **Well, I heard it might be cold and rainy, so I packed some sweaters and a raincoat, just to be on the safe side.**
　うん、雨が降って寒いかもしれないって聞いたからセーター数枚とレインコートも 1 枚入れたんだ。いるかもしれないから一応ね。

72 aspect

At the edge of the doorway she stopped and leaned out. There was no one in the hallway—that was good. Her plan was to find a place to hide near the entrance to the apartment. Then, when someone opened the door, she could just run out.

It wasn't the greatest plan—it had a lot of negative **aspects**. The primary one, of course, was that there might not *be* any place to hide. But it was currently her only idea.

She moved down the hallway as quietly as she could. She tried to stay close to a wall, too, but the walls were white and she was black; anyone walking by would definitely see her—that was another negative **aspect** of this plan.

"This is never going to work," she thought, suddenly very afraid again. "I was better off in the boy's closet. Maybe I should go back!"

72 aspect [アスペクト]
point
点、面（名詞）

It had a lot of negative aspects.
よくない点がたくさんあった。

That was another negative aspect of this plan.
それがこの計画のもう一つのまずい点だった。

使い方アドバイス

aspect はよく使われる point より、レベルが高く洗練された単語です。aspect の方が point より具体的な意味合いがあるのが特徴です。例えば She's not a great soccer player, but she's fast.「彼女は優れたサッカー選手ではないが、スピードはある」というコメント全般に対して、That's a good point.「それは言えますね」と同意できても That's a good aspect. と言うのは不自然です。でも Yes, her speed is her best aspect.「ええ、彼女の速さが一番の強みです」と具体的に指摘するなら、aspect は適切です。微妙ですが大事な違いなので、例文をたくさん見て、使いこなせるようになりましょう。

I think this Toyota is better than the other cars we've seen today in virtually every **aspect**.
このトヨタは今日見たどの車より、事実上あらゆる点で優れていると思う。

A: The *Indiana Jones* movies are exciting, but they're also really funny, too.
『インディ・ジョーンズ』の映画はワクワクするけど、面白いシーンもいっぱいあるよね。

B: That's true. I'd forgotten that **aspect**.
本当だね。そのこと忘れてたよ。

ここにも注目

I was better off in the boy's closet.（男の子のクロゼットにいた方がよかったわ）

better off は二つの状況や行動を比べて片方がよい、またはましだという意味です。safer, happier, more comfortable, richer など具体的な単語の代わりに better off で比較の結果を表すことができます。

A: There are some great aspects of living in Tokyo.
東京に住む有利な点はいくつかあります。

B: I know, but it's expensive. My family might be better off in Saitama.
わかっていますが、高くつきます。私の家族は埼玉に住む方がいいかもしれません。

73 potential

Nervous as she was, she decided to stick with her original plan. Luckily, the front door was far away from the living room, where everyone in the family seemed to be. She heard the mother and father both shouting at the boy—maybe this was her chance!

At last, she came to the entranceway. Right away, she saw several **potential** hiding places. The one with the most **potential** was the cabinet with the family's shoes. However, the doors were closed. She attempted to open one of them, but she couldn't do it. Her next idea was to hide in a coat pocket, but they all looked too small. So were the mother's boots.

This was all taking too much time! She had to find something, and quick!

73 potential ［ポテンショオ］
possible; possibility
可能な（形容詞）；可能性（名詞）

Right away, she saw several potential hiding places.
すぐに彼女は隠れ場所になりそうな場所をいくつか見つけた。

The one with the most potential was the cabinet with the family's shoes.
最も可能性があるのは家族の靴が入っているげた箱だった。

使い方アドバイス

potential は形容詞も名詞も同じぐらいの頻度で、かつ類似する文脈で使われます。potential は多くの場合、形容詞 possible や名詞 possibility の代わりに使えます。形容詞 possible は It's possible. のように単独で使えますが、potential は後に名詞を続けるのが相違点です。名詞としての potential は、子供や経験の浅い人が高い可能性を秘めている、と言うときによく使われます。

This rebuilding plan has one potential problem: the company might not be able to afford it.
この再建計画には問題が一点あるかもしれません。会社が費用を負担しきれないかもしれないということです。

Your daughter plays the piano wonderfully. She has a lot of potential.
娘さんはピアノをとても上手に弾きますね。大きな可能性がありますね。

ここにも注目

Nervous as she was, she decided to stick with her original plan.
（緊張していたけれど、彼女は最初の計画を実行することにした）
stick with ～は問題があるにもかかわらず、何かを継続するというイディオムです。stick は「ひっつく」という意味で、過去形は不規則に stuck と変化します。

My husband and I had some problems after we got married but I stuck with him. Now I'm glad I did.
夫と私は結婚当初いくつかの問題があったけれど、彼と一緒にいることにしました。今はそうしてよかったと思っています。

Employee: I have no idea how to solve this problem.
従業員：この問題をどうやって解決したらいいか見当がつきません。

Manager: Stick with it. You'll figure it out.
マネージャー：あきらめないで考え続けて。きっと答えが見つかるから。

74 effective

She was about to panic, so she took several deep breaths. Even cats know that taking deep breaths is an **effective** way to relax. When she started thinking clearly again, she realized that the umbrella stand would probably be an **effective** place to hide. It was big enough, for one thing. For another, there weren't so many umbrellas in there, so it wouldn't be too uncomfortable. Best of all, no one was likely to have the notion to look for her there.

She decided to go for it. She jumped up to the top of the stand, but she was too heavy for it. It fell to the floor with a crash. The boy and his parents ran into the entranceway.

The escape was over.

74 effective [イフェクティヴ]
leading to success
効果的な、有効な、成功につながる（形容詞）

Even cats know that taking deep breaths is an effective way to relax.
ネコでさえ、深呼吸はリラックスする効果的な方法だと知っていた。

She realized that the umbrella stand would probably be an effective place to hide.
彼女は傘立てが多分よい隠れ場所だと気がついた。

使い方アドバイス

effective はカタカナで「エフェクティブ」と使われるのを聞いたことはあると思います。英語の effective は good に代わるレベルアップ表現で、way, plan, solution, strategy などと一緒に使われます。cost-effective「費用対効果の高い」というフレーズもよく耳にします。これはコストに比べて多くの利益を生む、お金になるビジネスを説明する語です。

We need to come up with an effective strategy to reduce our maintenance costs.
維持費を削減する効果的な方法を考える必要がある。

Producing solar energy is becoming more cost-effective every year.
太陽エネルギー発電は毎年コスト効果が上がってきています。

ここにも注目 🐾

She decided to **go for it.**（彼女はそこに行くことにした）

go for it は何かをするとき、特に多少のリスクが伴うことをするとき、それでも挑戦するアクションを表します。カジュアルな会話で、相手に許可を与えたり、何らかの行動をとるよう相手を励ましたりするときは、Go for it. と命令形でよく使います。

A: Did you hear? Once Murata retires, a director position will become available.
聞いた？　村田さんが退職したら、ディレクターの職が空くんだって。

B: I know. I intend to go for it.
知ってる。私、応募するつもりよ。

A: Do you mind if I open the window?
窓を開けてもいいですか？

B: Go for it.
どうぞ。

Part 5
The Bell Game

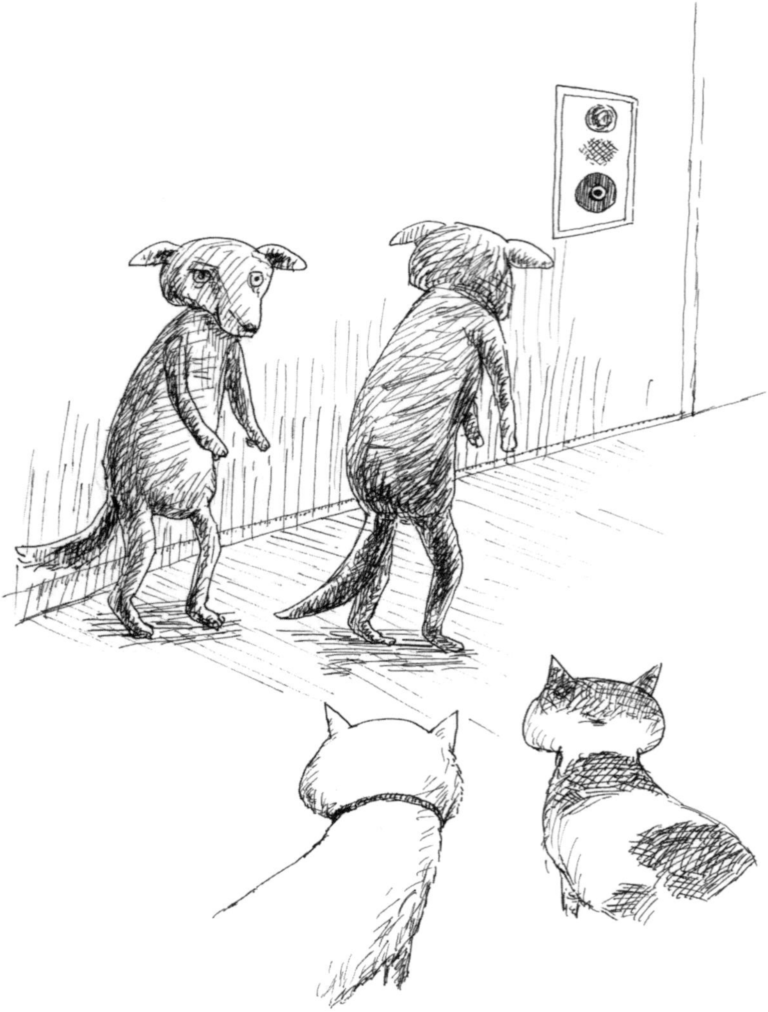

75 complex

Although Lulu didn't know it, at that moment Miku, Hiro, Kuro, and N were in front of the apartment building, showing it to Taka and some of his gang—including the dogs.

"This is a **complex** problem," Kuro said. "It's not going to be easy to solve. First of all, the human who guards this place is an enormous monster. There's no way we can get in through the front door. I think we have to rule that out."

Hiro disagreed. "Humans have to sleep, just like us. We'll wait until later and then go inside."

"And then what do you intend to do?" Taka asked. "I've been to big houses like this. Many, many humans live inside, and they usually keep all of the doors and windows shut. We need to think about this. This is actually more **complex** than I thought."

75 complex [コンプレックス]
not simple; having many parts
込み入っている、複雑な、簡単でない、たくさんの部分に分かれている（形容詞）

> **"This is a complex problem,"** Kuro said.
> 「これは複雑な問題なんだ」とクロが言った。
>
> This is actually more **complex** than I thought.
> これは本当にオレが思っていたより複雑だな。

使い方アドバイス

英語の complex はカタカナの「コンプレックス」と同じニュアンスで使うと、少しおかしい場合があるので注意が必要です。もちろんカタカナ語と同様に「心理的な問題」という意味で使われることもありますが、英語の complex は形容詞として「(何らかの形で) 込み入っている」という意味で使われることの方がずっと多い単語です。例えば、考えや計画、方法などがシンプルでないときに complex を使うと適切です。

> My parents have a **complex** relationship. They love each other, but they also often argue and fight.
> 私の両親の関係は込み入っています。お互いを愛し合ってはいますが、彼らはしばしば議論し、けんかをします。
>
> When you have a **complex** decision to make, ask others for advice.
> 一筋縄ではいかない決定を下すときは、ほかの人に助言を求めよう。

ここにも注目🐾

I think we have to <u>rule</u> that <u>out</u>.
（それは可能性から外して考えないといけないと思うんだ）

rule out は「(考慮の候補から)〜を外す」という意味のイディオムです。強く断定する表現なので、除く選択肢がよくないと確信しているときにのみ使うようにしましょう。なお、否定形で使うと、候補から外せない、つまり選択肢として残しておくという意味になります。

> A: It's really cold. I think we can rule out going swimming today.
> すごく寒いよ。今日泳ぎに行くのはあきらめた方がいいと思う。
> B: Well, let's wait and see.
> でも、ちょっと様子を見ようよ。

> Reporter: Will you ever play for the Giants again?
> レポーター：ジャイアンツでまたプレーする予定は？
> Baseball player: I don't intend to, but I'm not going to rule it out.
> 野球選手：その予定はありませんが、しないと決めたわけではありません。

76 refer (to)

N had been waiting and waiting for everyone to do something, and he couldn't take it anymore.

"No!" he said. "It's not complex! It's very easy. Lulu's in there"—he was **referring** to the apartment building—"and she needs our help. Right now!"

He started walking away. "I'm not going to wait to hear the advice of some fat, stupid cat."

"Are you **referring** to me?!" Taka said.

He jumped at N, and the two of them were soon fighting, right in the middle of the street.

76 refer (to) [リファー]
talk about; be about
～について話す、～のことを言う（動詞）

He was referring to the apartment building.
彼はマンションのことを言っていた。

"Are you referring to me?!" Taka said.
「オレのことを言っているのか？！」とタカが言った。

使い方アドバイス

「～について話す」という英語表現はたくさんありますが、refer はより洗練された感じのするレベルアップ単語です。何のことを言っているのか確かでないときやストーリーのタカのように話題を確認したいとき、質問文で使われます。下の最初の例文のように、物や人の名前について説明するときにも使われます。ただし to なしで使われたり、refer (someone) to (someone/something)「（誰か）に（誰か／何か）を紹介する」などのように refer と to の間に単語が入っている場合は、異なる意味で使われるので注意が必要です。

Please do not refer to Native Americans as 'Indians'.
アメリカの原住民のことを「インディアン」と言わないでください。

A: **The red line on the graph refers to sales in Asia.**
グラフの赤線はアジアでの販売額を指しています。
B: **There are two red lines. Which one are you referring to?**
赤線は２本ありますよ。どちらのことを言ってるんですか？

ここにも注目

He couldn't take it anymore.（彼はこれ以上我慢することができなくなった）

take it は 34 章で紹介しましたが、この can't [couldn't] take it は全く別の表現です。否定形になると「我慢できない」に近い意味になり、can't stand に似たフレーズです。違いは、can't stand が「何かを漠然と嫌いだ、我慢ならない」という意味なのに対し、can't take it の方は「具体的な状況に耐え続けてきて、これ以上我慢できない」というニュアンスがあることです。なお take it は、批評や不快なことも我慢したり受け入れたりできることを言い表し、よい意味でも使われます。

Talk about hot! I can't take it anymore. I'm going inside.
暑いったらないね！　これ以上我慢できない。オレは中に入るよ。

What do you think about my poem? Please be honest. I can take it.
私の詩、どう思いますか？　正直に言ってください。ちゃんと聞きますから。

77 settle

When two cats in a group start fighting (or two people, for that matter), it doesn't take long for others to join in. Soon all of the cats were fighting in front of the apartment building, except for Kuro, who was trying to run away from Yama, and Miku.

"Stop!" she cried. "**Settle** down, all of you!"

No one listened to her. It made her angry. She also wasn't feeling well for some reason. Had she eaten too much at Taka's place? She wished she had some warm milk to **settle** her stomach.

It didn't occur to her—not then—that there might be another reason for her stomach problems . . . .

77 settle [セトー]
make peaceful
落ち着かせる、よい状態にする、平和にする（動詞）

Settle down, all of you!
落ち着いて、みんな！

She wished she had some warm milk to settle her stomach.
おなかを治すために温かいミルクがあればいいのに、と彼女は思った。

使い方アドバイス

settle はよく使われるのでぜひ覚えたい単語ですが、意味がいろいろあるので説明しにくい単語でもあります。すべての意味に共通して言えるのは、何らかの問題が存在している状況で使うということです。settle はその問題を解決して、元の良好な状態になるプロセスを指すと考えれば、いろいろな意味の共通点が見えてくるはずです。また settle down「リラックスする、落ち着く」というイディオムもよく使われます。

It took years for the two companies to **settle** their dispute.
二つの会社が争議を解決するのに何年もかかった。

A: Nakayama is still unhappy with the contract.
中山氏はまだ契約書に不満があるらしいよ。
B: Really? I thought that problem was **settled**.
本当？　その問題は解決したと思ってた。

ここにも注目🐾

When two cats in a group start fighting (or two people, for that matter), it doesn't take long for others to join in.
(グループの中のネコ２匹がけんかを始めると――これについては人間が２人でも同じだろうが――ほかの者もけんかし始めるのに長くはかからなかった)

for that matter は一見、難しいフレーズですが、話題に何かコメントを言い足したいときに、追加のコメントの後に for that matter を置きます。また、あるコメントや意見がほかの文脈でも当てはまるときにも、このフレーズが登場します。

A: China and Japan—and Korea and Japan, for that matter—need to improve their relationship.
日本と中国は――日本と韓国も同じことが言えるけど――関係を改善させる必要があるね。
B: True, but some problems between them will not be easy to settle.
事実だけど、いくつかの問題は簡単には収拾がつかないんじゃないかな。

78 worth

As Miku was trying to figure out how to stop the fighting, the two dogs—Stupid One and Stupid Two—were talking to each other.

"Remember the bell game?" Stupid One asked.

"Ouch!" Stupid Two said. "That game always gave me a headache."

"Same here," Stupid One said. "But it was **worth** it. I always caught at least one cat after that game."

Miku, overhearing them, said: "What are you talking about?"

"Nothing important!" Stupid One said quickly.

"Yes, nothing **worth** mentioning!" Stupid Two said. They both looked nervously at Taka, who was still fighting with N.

"Tell me," Miku insisted.

When the dogs finally explained, she became very excited.

"I know how to save Lulu!" she shouted.

78 worth [ワース]
have value
～の価値がある（前置詞／形容詞）

But it was worth it.
でもやってよかったよな。
"Yes, nothing worth mentioning!" Stupid Two said.
「そう、わざわざ言うほどのことではないっす！」とバカ２号が言った。

使い方アドバイス

worth は「前置詞」とも「形容詞」とも取れるので、文法的に説明するのが難しい単語です。まれに名詞としても使われます。いずれにせよ、名詞か動名詞(ing形）の前に来ると覚えておけば間違いありません。worth は通常、物や出来事の価値を評価するときに使うので、金額が後に来ることがよくあります。ストーリーのように、経験や行動の価値ついても使えます。ストーリーに出てきた nothing worth mentioning は定型表現の一つです。

The agent estimated that the land I have is **worth** approximately thirty million yen.
不動産屋は私の所有する土地は約 3,000 万円の価値があると見積もった。

A: What did you do on Sunday?
日曜日何してた？
B: Nothing **worth** mentioning. I mostly stayed home.
特に言うほどのことは何も。ほとんど家にいたんだ。

ここにも注目🐾

"Same here," Stupid One said. （「オレもだ」とバカ１号が言った）

Same here. は Me, too.「私も」So do I.「私もそうします」So is this.「これもそうだ」などと同じように、肯定文に同意するときに使える会話表現です。

A: I'm done for the day.
今日の仕事は終わった。
B: Same here. Let's get a beer!
オレも。ビールでも飲みに行こう！

A: This store has some nice clothes, but they're way over my budget.
この店にはいい服があるけど、私の予算をはるかに超えてるわ。
B: Same here. Let's go someplace else.
私もそう。どこかほかの店に行こう。

79 demonstrate

All the cats stopped fighting.

"Huh?" Taka and N said.

"What are you talking about?" Hiro said.

As Miku encouraged them, the dogs explained the bell game. Apparently, all big human buildings had a special red bell on every floor. To play the game, you had to hit the bell with your head.

Stupid One **demonstrated**. "Like this!" he said. He jumped up and hit his head on a red sign on a wall. "Owwww!" he cried.

"What kind of stupid game is this?" Kuro said.

"It's fun!" Stupid Two insisted. "When you hit the bell, it makes a loud, *loud* noise. Then all the humans come running out. Like this!"

The dogs **demonstrated** how the people ran. They stood on their back legs and ran around and around until Taka made them stop.

"Okay, I get it!" he said. "But what does this have to do with helping Lulu?"

79 demonstrate [デモンストレイト]
show in order to explain
説明するために何かをして見せる（動詞）

> **Stupid One demonstrated.**
> バカ1号がやってみせた。
>
> **The dogs demonstrated how the people ran.**
> 犬たちは人が走る様子をまねてみせた。

使い方アドバイス

カタカナの「デモ」は英語の demonstration から来ています。A small group in Ueno Park demonstrated against the war.「少人数のグループが上野公園で反戦デモを行った」のようにも使いますが、日常会話では何かを説明するために「実際やってみせる」という意味で demonstrate を使うことの方がずっと多いです。名詞の demonstration が集団抗議して意思表示することだと考えれば demonstrate と通じていることがわかると思います。36章で紹介した indicate が音やしぐさなどでシンプルなことを表すのに対し、demonstrate はもう少し複雑な内容のことをやって見せるという意味です。

A: Is this new phone really better than the one I currently have?
この新しい電話は、今持っているのより本当に優れているんですか。
B: It's much better! Let me **demonstrate** some of its functions.
すごくいいですよ！　機能のいくつかをお見せしましょう。

The salesman proceeded to **demonstrate** how to make a video call.
店員は次にビデオ電話のかけ方を見せてくれた。

ここにも注目

But what does this have to do with helping Lulu?
(でもルルを助けることとこれが何の関係があるんだ？)

修辞疑問文のカジュアルな表現で「これが～と何の関係があるのか？」という意味です。あることが with 以下の内容と、どう関係するのかわからない戸惑いを表します。下の例文のように yes/no を尋ねる質問文でも使え、関係があるかもしれないことを推測して尋ねることができます。

A: Did you hear about the meeting this Friday?
今週金曜日のミーティングのこと聞いた？
B: Yes. What's it about? Does it have something to do with the new building project?
うん。何についてなのかな？　新しい建物の企画と何か関係があるのかな？

80 associate

Miku filled in the missing information. "When the people run out, they always bring their pets! That means the boy and his mother will bring Lulu outside!"

"Who taught you this game?" Kuro asked the dogs.

"Our prior owner," Stupid One said.

"It's fun, but I always **associate** it with headaches," Stupid Two said.

"Same here," Stupid One said. "Although, for some reason, humans apparently **associate** it with fire. That's why they always come running out."

"Our prior owner must have liked fire," Stupid Two said. "He used to go in the buildings while the bell was ringing and everyone else was running out. He always brought presents for us when he came back."

"It's funny, but I never saw any fires," Stupid One said to Stupid Two. "Did you?"

"Hmmm," Taka said.

80 associate [アソスィエイト]
connect; put together in your mind
つながりがある、関連して考える（動詞）

> **I always associate it with headaches.**
> オレはいつも頭痛と結びつけてしまいますぜ。
>
> **Humans apparently associate it with fire.**
> 人間は火事と結びつけて考えるようです。

使い方アドバイス

associate は connect のレベルアップ単語で、医学をはじめ、さまざまなトピックのニュースで頻繁に登場します。associate の後には名詞を置き、受動態で使うなら be associated with と続けます。意味としては associate で結ぶ2つの事象は必ず関連するわけではなく、関係があると考えているにすぎないときもあるので注意しましょう。

> Smoking is **associated** with many diseases.
> 喫煙は多くの疾患と関連がある。
>
> Most Japanese people **associate** *nabe ryori* with winter.
> ほとんどの日本人は鍋料理を冬と結びつけて考える。

ここにも注目🐾

Miku filled in the missing information.（ミクは欠けている情報を足した）

fill in は頻繁に使われにもかかわらず、使いにくい句動詞の一つです。情報を付け足すときや何かを完成させるときに使えます。似た表現の fill out は、下の2番目の例文のように、申し込み用紙に必要事項を記入するなど書類の空欄を埋める動作を示します。

> A: Did you hear about the results of the test we took yesterday?
> 昨日受けた試験の結果、聞いた？
> B: No. Fill me in.
> まだ。教えて。

> Patient: Hello. I have an appointment at 9:30 with Dr. Yamada.
> 患者：すみません。山田先生と9時半の予約があるんですが。
> Staff: Certainly. Please fill out this form. The doctor will be with you soon.
> スタッフ：わかりました。この書類に記入してください。先生がすぐいらっしゃいますから。

81 procedure

"I can't believe I'm saying this, but I like this idea," Taka said. "If all the humans run out of the building, and if one of them brings Lulu, then we can help her run away."

"It's definitely worth trying," Hiro said.

"Is there anything else we should know about this game?" Taka asked the dogs. "How do you start it? What's the **procedure**?"

"It's easy!" Stupid One said. "You tell us the code word, and then we run and run until we find a bell. Then we hit it with our heads!"

"That's it?" Taka said. "That's the whole **procedure**?"

"That's it!" Stupid Two said.

81 procedure [プロスィジャー]
method; process
方法、手順；プロセス（名詞）

> **What's the procedure?**
> 手順はどうなってるんだ？
>
> **That's the whole procedure?**
> それが手順のすべてなのか？

使い方アドバイス

method や process には比較的なじみがあっても、procedure は英語でよく使われているわりには、少し扱いにくい単語のようです。procedure は会話より読み書きに使われることの方が多く、地震や火事のような緊急事態に対処するための一連の手続きなどを指します。病院での治療から手術に至るさまざまな手続きや、公的機関での各種の申請手続きなど、手順が統一されている場合にもよく使われます。

> Please study the emergency **procedures** so that you know what to do if there is a fire or an earthquake.
> 火事や地震の際きちんと対応できるよう、緊急対策をよく読んでおいてください。
>
> My mother has to go to the hospital today for a heart **procedure**.
> 母は心臓病治療のため、今日病院へ行かなければなりません。

ここにも注目

You tell us the code word, and then we run and run until we find a bell.
（合言葉を言ってくだされば、オレたちが走って走ってベルを見つけます）

tell のような簡単な単語が、なぜ「ここにも注目」なのか不思議に思われるかもしれません。実は tell には日本語で言うところの、電話番号や道案内などちょっとした情報を「教える」という意味があります。ですから Can you teach me your phone number? は不自然な英語です。teach は学校で習うような込み入った情報を時間をかけて教えるときに使い、「（簡単なこと）を教えてください」と言うときは tell me, show me を使う方がずっと自然です。

> A: Can you help me make this cake?
> このケーキを作るのを手伝ってくれる？
> B: Sure. Just tell me what to do.
> もちろん。どうしたらいいか言ってね。
>
> Let me show you how to use this machine.
> この機械の使い方を教えましょう。

82 entirely

"So what's the code word?" Hiro asked.

"I don't know," Stupid One said.

"Beats me," Stupid Two said.

Miku was confused. "You don't know?"

"Well, that's not **entirely** true," Stupid One said.

"We know it when we hear it, but it's a human word," Stupid Two said.

"Right," Stupid One said. "And when we hear it, we know it's time to play the game."

All the cats looked at each other. Finally, Taka said:

"What if I just *ask* you to run and hit the bell?"

The dogs seemed very surprised.

"Wow," Stupid One said. "What a great idea!"

"Of course we could do that!" Stupid Two said.

All the cats looked at each other again. It occurred to all of them, and not for the first time, that a dog's so-called brain was made up **entirely** of big rocks.

82 entirely [エンタイアリー]
completely
全く、完全に（副詞）

> "Well, that's not entirely true," Stupid One said.
> 「ええと、全然知らないというわけではありません」とバカ１号が言った。
>
> It occurred to all of them, and not for the first time, that a dog's so-called brain was made up **entirely** of big rocks.
> 彼らはみな、これに気づくのは初めてではなかったが、犬のいわゆる脳みそが完全に大きな岩だけでできているんだなと改めて思った。

使い方アドバイス

entirely は、つい多用しがちな completely に代わるよい表現です。でも absolutely（18章）と同じように、使い方に少し注意が必要です。例えば It's difficult for me entirely. のように、entirely を文末に置くのは不自然です。それより修飾する語のすぐ前に置くのが一般的です。completely と同じく強いニュアンスがあるので、例文などを見て使い方を学習しましょう。

> The problem you are referring to is **entirely** different than [from] the problem we are currently attempting to solve.
> あなたが言っている問題は、私たちが今解決しようとしている問題とは全く異なるものです。
>
> I think we need to develop an **entirely** new strategy.
> 私たちは完全に新しい戦略を練る必要があると思います。

ここにも注目🐾

"Beats me," Stupid Two said.（「オレにもわかりません」とバカ２号が言った）

Beats me. は主語の It が省略されていますが、I have no idea.「答えは見当もつきません」と同じ意味のイディオムです。beat には「〜をたたく」以外に「〜を打ち負かす」という意味もあり、答えがわからないということは、その質問に「打ち負かされてしまった」ことになります。この表現は yes/no を尋ねる質問の答えとしては不適切で、５Ｗ１Ｈで始まる質問に答えられないときに使います。なお Beats me. はカジュアルな表現なので、丁寧に話す必要があるときには避けるべきです。

> A: Where are the big scissors?
> 大きいハサミ、どこ？
> B: Beats me.
> 知らない。

83 appropriate

The dogs lined up to start the game.

"Are you ready?" Taka asked.

"Ready!" the dogs said. Then:

"Wait!" Stupid One said. "Don't forget, after we hit the bell, you have to give us a present."

"Right!" Stupid Two said. "That's part of the game."

N started to get angry again. "We don't have time for this!"

"What would be an **appropriate** present?" Taka asked.

"A beef-flavored hard biscuit is always **appropriate** when a dog does a job well," Stupid One said.

"No cat food!" Stupid Two said.

"Some small pieces of steak would also be okay," Stupid One said.

"Wow, I'm getting hungry!" Stupid Two said.

"I'll keep both of those ideas in mind," Taka said. "Now, are you ready? Go!"

83 appropriate [アプロプリエット]
a good match for the situation
適している、状況に合っている（形容詞）

"What would be an appropriate present?" Taka asked.
「どんなのがいいプレゼントなんだ？」とタカが聞いた。

"A beef-flavored hard biscuit is always appropriate when a dog does a job well," Stupid One said.
「犬がいい仕事をしたときはビーフ味の堅焼きビスケットがいつも適切です」とバカ1号が言った。

使い方アドバイス

適切な対応や行動は、時と場合によって変わります。だからこそ appropriate という単語はよく使われ、役に立つ単語だといえます。例えば、結婚のご祝儀の額はカップルとの関係に応じた相場があるはずです。この場合の額の正しさは appropriate で言い表せます。appropriate はよく amount「額、量」や action「行動」といった名詞や、feel や think といった動詞と一緒に使われます。

Is 10,000 yen an **appropriate** amount of money to give to a friend as a wedding present?
一万円は友人の結婚祝いにあげるのに適した額ですか？

A: This is a complex dispute. It's going to take a lot of work to resolve it.
これは込み入った争議です。解決するのにかなりの手間がかりそうです。

B: Do whatever you feel is **appropriate**. We need to settle this problem quickly.
一番適切だと思う措置を取るように。この問題は素早く解決する必要があるからね。

ここにも注目

"I'll keep both of those ideas in mind," Taka said.
（「両方のアイデアを頭に入れとくぜ」とタカが言った）

keep in mind「(直訳だと) 心に留めておく」は consider「考慮に入れる」というニュアンスの句動詞です。即断しにくい意見について、返事を保留するときによく使われます。命令形で使うと、相手によく考えてから決めるようにアドバイスしていることになります。

A: I suggest you talk to Tanimoto about this problem. He might know of an appropriate solution.
この件、谷本さんに話してみたらどうかな。よい解決策を知っているかも。

B: Thanks. I'll keep it in mind.
ありがとう。覚えておきます。

84 rather

Meanwhile, in apartment 902, the boy's mother and father were shouting angrily at him.

"Clean that up!" his father said. He was referring to the umbrella stand that had fallen when Lulu had jumped on it.

The boy's mother said: "And control that cat! Or would you **rather** we threw it away?"

The boy quickly picked up the umbrella stand and put the umbrellas back inside it. Then he picked up Lulu, who was sitting and shaking near the door. His eyes were full of tears. He hated being shouted at. It made him feel afraid and alone. At this moment, he would **rather** have been anywhere but in the apartment.

"Go to your room!" his mother shouted. "And you had better be quiet this time, or you'll be sorry!"

84 rather [ラーザー]
prefer
どちらかといえば、むしろ（副詞）

> **Or would you rather we threw it away?**
> それとも捨ててしまった方がいいの？
>
> **At this moment, he would rather have been anywhere but in the apartment.**
> このとき、彼はマンション以外の場所にいられるならどこでもましだと思った。

使い方アドバイス

rather には A rather than B「B より A」など使いやすい用法もありますが、would とともに使われると少し手強いかもしれません。would rather と使う場合、would は助動詞なので rather の後には動詞の原形を置きます。最初の選択肢より後の方を好む、または理想的ではないけれどまだましだ、という意味になります。やりたくないという旨を would rather not と否定形で言うこともできます。少し強い口調なので、理由も述べて雰囲気を和らげるとよいでしょう。

A: Would you like to go shopping with Mari and me?
　真理と私と一緒に買い物に行かない？
B: I'd **rather** not, if that's okay. I have a lot of stuff to do today.
　やめておいてもいいかな。今日はやることがたくさんあるんだ。

Would you **rather** have curry or pizza tonight?
今日の晩ご飯、カレーがいい？　ピザがいい？

ここにも注目 ☙

And you had better be quiet this time, or you'll be sorry!
（今度は静かにしていなさいよ、そうでないと本当に後悔するわよ！）

sorry は謝罪だけでなく、哀れみ、同情、後悔の感情も表します。ストーリーでは後悔の意味で使われています。You'll be sorry! は You'll regret it!「後悔するわよ！」と同じ意味で、相手に警告しています。ことわざの Better safe than sorry.（備えあれば憂いなし）の sorry はこの意味で使われています。つまり後で後悔するより先に安全策を講じておいた方がいい、というアドバイスです。

A: You missed a great party last night!
　昨夜のパーティーすごく楽しかったのに来なかったね！
B: Now I'm sorry I didn't go. I should have!
　行かなくて後悔してる。行けばよかった！

You should bring a coat in case it gets cold. Better safe than sorry!
寒くなったときのためにコートを持って行く方がいいよ。備えあれば憂いなしだ！

85 relate

The boy carried Lulu back to his room, thinking: "It's not fair." His parents shouted at him all the time, even for things that were not his fault. They hit him, too. It made him sad and angry.

His behavior toward Lulu was **related**, of course, to his parents' behavior toward him. (Animal abuse is often **related** to child abuse.) The boy couldn't show his anger to his parents, so he showed it to his cat. Abusing Lulu made him feel stronger. It helped him get through each terrible day.

He put Lulu on the floor and raised his hand as if to hit her. Afraid, she jumped away, which made him laugh. Next, he held up a pillow as if to throw it at her, and she jumped again. He was about to throw the pillow for real when all at once there was a loud ringing sound.

85 relate [リレイト]
connect to (something) for a specific reason
具体的な理由で〜と関係がある（動詞）

His behavior toward Lulu was related, of course, to his parents' behavior toward him.
もちろん、彼のルルに対する態度は、両親の彼に対する態度に関係があった。

Animal abuse is often related to child abuse.
動物虐待はしばしば子供への虐待に関係している。

使い方アドバイス

relate は血のつながりを表すのによく使われますが、ほかの場面でも使われます。具体的な理由で二つのことが関連するときは、relate を使うことができます。つながりの強さは strongly「強く」や somewhat「少し」などの副詞を使って表します。また、だれかの行動や気持ちに共感するときにも、relate を使って「気持ちがわかる、理解できる」と言えます。

The amount of money people earn is strongly **related** to their level of education.
人が得る収入はその人の学歴の有無に強く関連している。

A: My daughter is so busy! I hardly ever see her these days.
うちの娘はとても忙しいんですよ！　最近、ほとんど会っていません。
B: I can **relate** to that. My son works all the time, too.
お気持ちよくわかります。私の息子も仕事ばかりしています。

ここにも注目🐾

It helped him get through each terrible day.
（そうすることで彼はひどい毎日を何とか過ごすことができていた）

get through は「（難しいこと）をやり遂げようとする」など、何かネガティブな状況を乗り越えなければならないときにぴったりの句動詞です。

A: Aren't you going home?
家に帰らないの？
B: No, not yet. I still have to get through several more reports.
ううん、まだ。報告書をもういくつか書き終えないといけないんだ。

A: That was a strong typhoon yesterday!
昨日の台風はすごかったね。
B: I know. I'm just glad we got through it.
本当ね。何とかやり過ごせてよかった。

86 actual

Forgetting entirely about Lulu, the boy ran out of his room and into the living room. His parents were looking out the windows as the ringing continued. It was extremely loud.

"What's going on?" his mother asked.

"There must be a fire," his father said.

"Is there an **actual** fire or is it just a test?"

"How should I know?"

They waited, but the bell didn't stop ringing. Soon they heard another sound, too. The boy became excited. It sounded like an **actual** fire truck!

"Should we leave the apartment?" the boy's father asked.

"I guess so," his mother said. She looked at her son. "Get your cat, and hurry up! We're going outside."

86 actual [アクチュアー]
real
実際の、本当の（形容詞）

> **Is there an actual fire or is it just a test?**
> 本当の火事？　それともただのテスト？
>
> **It sounded like an actual fire truck!**
> それは本当の消防車のような音だった！

使い方アドバイス

本書ではすでに actually という副詞を何度も使っています。興味深いことに形容詞 actual より actually「本当に」という副詞の方がずっと頻繁に使われ、使いこなしている人が多いようです。actual は real と同義語で「本当の、実際の」という意味ですが、事実が期待したことと異なる場合は real より actual を使う傾向があります。また、他人が信じてくれないときや真剣に取り合ってくれないときに、事実を強調したいときにも使います。

> Our budget for the event was 500,000 yen, but the **actual** cost was higher than we estimated.
> イベントの予算は 50 万円でしたが、実際の費用は見積もりより高くなりました。
>
> A: Look what I found!
> これ見つけたよ、見て！
> B: Wow, is that an **actual** pocket bell? I haven't seen one of those for 15 years!
> わあ、それ本物のポケットベル？　そんなの 15 年ぐらい見てないね！

ここにも注目🐾

How should I know?（そんなこと知らないよ）

本書ではいろいろな場面で使える便利な表現を紹介していますが、この章では例外として、使わない方がよい表現を取り上げてみました。How should I know? は尋ねられた質問にどう答えたらいいかわからないとき、反語的に「知るわけないでしょう。どうしてそんなこと聞くんですか」という意味で使われます。この答え方はいらつきを表し、無礼な感じさえするので使うのは避けた方がよいでしょう。でもネイティブ同士の会話ではよく耳にするので、ニュアンスとともに知っておいた方がよい表現です。

> A: Is David angry at me?
> デイビッドは、私のこと怒ってる？
> B: How should I know? Ask him!
> そんなこと知らないよ。彼に直接聞けばいいじゃない！

87 | means

When the boy ran into the room, Lulu was ready to use any **means** necessary to protect herself if he tried to hurt her. But then he picked her up and took her outside with his mother and father.

She was very surprised, to say the least. What was going on??

They ran down the stairs and out to the front of the building. Several other people had already gathered there. They were all talking excitedly.

Lulu was excited, too. Maybe now she could find some **means** of escape! However, the boy was holding her very tightly. If she bit him, would he let her go? She was about to try it when she heard a voice cry: "Lulu!"

87 means [ミーンズ]
way of doing something
何かをする方法、手段（名詞）

When the boy ran into the room, Lulu was ready to use any means necessary to protect herself if he tried to hurt her.
男の子が部屋に走って入って来たとき、ルルは彼が彼女を傷つけようとしたらどんな手段を取ってでも自分を守る用意ができていた。

Maybe now she could find some means of escape!
これで何らかの逃げる方法が見つかるかもしれない！

使い方アドバイス

means「方法」はいつも複数形で使われ、イディオムが多数あります。例えば by all means「必ず、確かに（何かをする）」、by no means「まったく違う」、any means necessary「必要などんな方法を使っても」はちょっと改まった会話では頻繁に耳にします。どれも means を「（何かをする）方法」と考えると意味がわかりやすいでしょう。

A: Can I use your phone?
電話借りていい？
B: Sure, by all **means**.
もちろん、どうぞ。

A: Are you saying that you don't like my dog?!
私の犬が嫌いだって言うの？！
B: By no **means**! She's just a little . . . noisy.
全然違うよ！　ただちょっと……うるさいよね。

ここにも注目 🐾

She was very surprised, to say the least.
（彼女は控えめに言っても、とても驚いた）

to say the least「控えめに言っても」は何かを強調したいときによく使われる表現です。ルルが外に連れ出されたときのショックや戸惑いを表すには to say the least を加えた方が適切です。なお、会話で相手の発言に対して単独で使うと、「控えめに言ってもそうですね」と強い同意を意味します。

A: Some of Haruki Murakami's stories are a little unusual.
村上春樹の小説の中には少し変わっているのがありますね。
B: To say the least!
本当にそうだよね！

88 circumstance

Cats hardly ever attack a human being unless they feel threatened in some way, but this was a special **circumstance**. N, Hiro, Taka, and Kuro all jumped at the same time toward the boy. Shocked, he lost his balance and fell, letting go of Lulu at the same time. All of the cats immediately ran away, followed closely by the dogs.

Lulu could hardly believe it. "N!" she said. "Miku!" Her eyes grew wide as she recognized Taka. "Taka! Where did you come from?"

Taka looked over his shoulder. The boy and his family were coming after them.

"I'd like to explain," Taka said, "but under the **circumstances** I think we need to stop talking and run faster. Let's get out of here!"

88 circumstance [サーカムスタンス]
situation

状況、環境（名詞）

This was a special circumstance.
今回は特別な状況にあった。

"I'd like to explain," Taka said, "but under the circumstances I think we need to stop talking and run faster."
「説明したいのはやまやまだが」とタカは言った。「今の状況じゃあ、しゃべるのをやめてもっと速く走る必要があると思う」

使い方アドバイス

circumstance は多くの場合、situation の代わりに使えます。ただ一つ注意したいのは、単数形で使う場合は「具体的な状況」を指し、in this case「この場合については」というニュアンスが強まることです。つまり、全般的な状況の中にある、細かい具体的な場合が circumstance です。なお複数形で使うと「全体的な状況」を指すことになるので、単数形と複数形を使い分ける必要があります。また under no circumstances は「どんな状況においても〜しない」という強い調子の定型フレーズで、上司が部下に対して何かを絶対してはいけないと伝えたりするのに使います。

I'm not sure what to do in this **circumstance**.
この場合、どうしたらいいんだろう。

By all means, meet with the printing company, but under no **circumstances** should you sign a contract without talking to me first. Got it?
必ず印刷会社の人と会うように。でもどんな状況でも私に話さず契約書のサインすることはないように。わかったな？

ここにも注目🐾

Let's get out of here!（ここから逃げるぞ！）

映画やドラマでよく耳にする表現です。本当の緊急時にも使いますが、カジュアルに「そろそろ行こう」と言うときにも使えます。Let's 以外に肯定文や質問文でも使うことができきます。

A: I'm tired. I think we should go home.
　疲れたな。家に帰ろうよ。
B: OK. Let's get out of here.
　うん、行こう。

89 largely

People are fast, but cats and dogs are faster. They ran through dark side streets and around corners for several minutes. Eventually, the sounds of the boy and his parents shouting **largely** disappeared. They could still hear them, but only slightly, so they stopped to rest.

Lulu was breathing hard. "How—how did you find me?" she asked.

"We followed you from the café," N said. "We couldn't just let them take you like that."

"Was it you who caused that strange ringing?"

"I hate to admit it," Taka said, "but we **largely** have the dogs to thank for that."

"The dogs?" Lulu still hadn't noticed Stupid One and Stupid Two. She turned around, saw them, and said: "Ahhhhhhhhhhh!!"

89 largely [ラージリー]
mostly
ほとんど（副詞）

Eventually, the sounds of the boy and his parents shouting largely disappeared.
とうとう男の子や彼の両親が叫ぶ声はほとんど聞こえなくなっていた。

We largely have the dogs to thank for that.
だいたいのところ、犬たちのおかげだといえるな。

使い方アドバイス

largely は mostly に代わる単語で、天候から政治経済に関するニュースまでさまざまな話題で使われます。変化が微妙で細かく書けない、もしくは書く必要がないときに largely を使って大体の傾向を表現します。例えば、政府の予算額は毎年あまり大きな変化はありません。そんなとき「ほぼ変わらない」と伝えるのに largely を使って言い表すことができます。

Next year's budget will be largely the same as this year's.
来年の予算は今年とほぼ同じになるでしょう。

He largely confirmed what Nishida said, but there were a few small differences.
彼は西田氏が言ったことをほぼ全面的に認めたが、いくつかの小さい相違点はあった。

ここにも注目

"I hate to admit it," Taka said, "but . . ."
(「認めるのは嫌だが」とタカは言った。「しかし……」)

admit は 41 章で紹介して以来、いろいろな形で登場していますが、今回は hate to admit it という定型表現に注目します。このフレーズは hate「憎い」という強い動詞を含むので、何かを断言しているように聞こえるかもしれません。でも実は「認めるのは悔しいが、客観的に見ると認めざるを得ない」というあきらめ、または潔さとも取れる控えめな気持ちを表します。自分の意見を改めて考えてみた結果、間違っていたと認め、物事をスムーズに運びたいときに使える表現です。

I hate to admit it, but I think Kataoka's plan is better than mine.
認めるのは悔しいが、片岡さんのプランは私のより優れていると思う。

A: **You always say you don't like fish, but this salmon is pretty good, don't you think?**
君はいつも魚が好きじゃないと言うけど、このシャケかなりいけると思わない？

B: **I hate to admit it, but you're right.**
認めたくないけど、君の言うことは正しいね。

90 | principle

Taka quickly explained about the dogs, but Lulu—not used to them—still felt somewhat uncomfortable. The dogs were not happy either.

"Actually, it's against our **principles** to help cats," Stupid One said.

"Absolutely! We hate cats!" Stupid Two said. "The most fundamental **principle** of a dog's life is 'Never be nice to a cat.'"

"But you have to be nice to us, because I'm the King," Taka said.

"We know," Stupid One said sadly. "There's nothing we can do about it."

"No, under the circumstances it can't be helped," Stupid Two agreed. "But that doesn't mean we have to like it."

90 principle [プリンシプー]
a rule which influences behavior
行動を左右する決まり、ルール（名詞）

"Actually, it's against our principles to help cats."
「実は、ネコを助けるのはオレたちのおきてに反するんでさぁ」

"The most fundamental principle of a dog's life is 'Never be nice to a cat.'"
「犬の人生で最も基本的なおきては『決してネコに親切にするべからず』ですから」

使い方アドバイス

principle は政府に関するニュースなどで単数形で basic「基本的な」や fundamental「根本的な」という語を前につけてよく使われます。会話では複数形を使い、「道徳的なルール、原則」を指します。in principle というフレーズになると、「大まかなところで」という意味になります。

The **principle** of free speech should always be protected.
言論の自由という原則は、いつも守られるべきだ。

I support your plan in **principle**, but I disagree with a few aspects.
大まかなところではあなたの計画を支持しますが、いくつかの点で反対です。

ここにも注目🐾

There's nothing we can do about it. / It can't be helped.
（その件に関してあっしたちができることは何もないっす）／（仕方ないっす）

「仕方がない」を英語でどう言うのか、という質問をよく受けます。ここで取り上げた2つの表現は、どちらも日本語の「仕方がない」に相当する表現です。ただし日本語で「仕方がない」と言う頻度の方が、英語で There is nothing we can do about it. と言う回数より多い気がします。というのは、英語を話す文化では We did everything we could do.「できるだけのことはやったね」などと取った行動に注目して、ポジティブにコメントする方が一般的だからかもしれません。ですから英語で「仕方がない」と言うときには、あきらめ気味で状況を悲観している感じが強まります。

This is a difficult situation, but there's nothing we can do about it.
これはつらい状況ですが、仕方がないです。

A: I really don't want to meet with Nakamura today.
今日は、本当に中村さんに会いたくないなぁ。

B: I know, but it can't be helped.
わかるよ、でも仕方ないよ。

91 | define

Stupid One tried to **define** his feelings. "It's like I've become a stranger to myself."

"Me, too," Stupid Two said. "I don't know who I am anymore."

Taka dismissed their complaints. "You'll get over it," he said.

As they were talking, Miku felt a sudden pain in her stomach. This was followed by another, then another, then another.

Hiro noticed that something was wrong. "What's the matter?" he asked.

Lulu noticed, too. "Miku!" she said. "I totally forgot about your condition!"

Hiro was confused. "What condition?"

"I'm sorry," Miku said. "I meant to tell you."

"Tell me what?"

"Well . . . I'm pregnant."

Everyone, shocked, stopped what they were doing. Finally, Hiro said: "**Define** pregnant."

Miku felt the pain again. "I'm going to have kittens!" she said. "Right now!"

91 define [ディファイン]
explain precisely
定義する、正確に説明する（動詞）

Stupid One tried to define his feelings.
バカ1号は自分の気持ちを説明しようとした。

Finally, Hiro said: "Define pregnant."
とうとうヒロが言った。「妊娠を定義してください」

使い方アドバイス

define は「〜を定義する」という意味だけでなく、ほかの場面でも使われます。生活の中の多くの事象は人の心の中でぼんやりとした考えとして始まります。そして経験を積むとともに、これらの物事は徐々に具体的な考えに形を変えていきます。言い換えれば、これらの物事は最終的には正確に説明または定義されなければいけないわけで、その場合にも define を使います。また define は下の例文のように、ビジネスや政府に関する文脈でもよく使われます。

We need to **define** the duties that each team member will have.
私たちは各チームメンバーがする仕事を定義づける必要があります。

Leaders who can't **define** their strategies frequently fail.
自分の戦略を正確に説明できないリーダーは、しばしば成功しない。

ここにも注目

"You'll get over it," he said.
（「そんな気分はすぐ消えてなくなるさ」と彼は言った）

get over という句動詞はネガティブな気分や病気などに関連してよく使い、気分がよくなり普通の状態に戻ることを意味します。Get over it. という定型表現は、「自分に同情するのはやめて、気を取り直しなさい」と伝える直接的な言い方です。ストーリーでタカは You'll get over it. と言いますが、これは相手の問題や不快感などが大したことはない、と言う少しぶしつけな表現ですから、使う相手に気をつけましょう。

A: Are you okay?
大丈夫？
B: I'm feeling a little sad, actually, but don't worry—I'll get over it.
実はちょっと悲しいことがあったんだけど、心配しないで——すぐ立ち直るから。

A: You look better!
調子がよくなってきたみたいですね！
B: Yes, I think I'm finally getting over my cold.
ええ、やっと風邪が治りかけてきた感じです。

92 significant

All the cats looked around in a panic for a quiet place for Miku to lie down. Nobody wanted to stay outside—they were still somewhat afraid that Lulu's owners would show up. But finding a place inside was not going to be easy. They were on a street of narrow houses. Were any of them safe to enter? It was a **significant** problem.

"How about that place?" Kuro asked.

Down the street was a ramp that led up into a dark space with several large boxes inside. There were men walking nearby, but they weren't looking in the cats' direction.

"Let's do it!" Taka said. "Dogs, stay here! Sumi, you too!"

Six cats—Taka, N, Hiro, Kuro, Miku and Lulu—ran up the ramp and into the dark space. They would soon learn that this was a **significant** mistake . . .

92 significant [スィグニフィカント]
important enough to be worth attention
注意を払う価値があるほど重要な（形容詞）

It was a significant problem.
これは重大な問題だった。

They would soon learn that this was a significant mistake . . .
彼らはすぐこれが大きな間違いだと気づくのだった……。

使い方アドバイス

significant は meaningful「意義がある」や valuable「価値がある」と似ていますが、使い方に注意が必要です。significant はあるものが目立って異なる場合に使います。例えば a significant problem はほかの問題より「深刻な問題」を指し、a significant increase は増加の中でも特に目立つ「大幅な増加」という意味です。a significant vacation はほかの休暇に比べてより複雑な計画が必要な「大がかりな休暇」だと言えます。量だけでなく、何らかの意味で目立って違えば、些細なことにでも significant を使うことができます。ただし、科学的な文脈で、実験や分析の結果が significant だと言う場合は、結果が偶然の結果だとは言いにくい、つまり「統計的に見て有意だ」という意味になります。

We've had a **significant** decrease in sales over the past six months.
ここ6カ月間で我々の売上高は大幅に減少した。

There are no **significant** differences between these two products.
この二つの製品に目立った違いはない。

ここにも注目

They were still somewhat afraid that Lulu's owners would show up.
（彼らはまだいくらか、ルルの飼い主が現れるかもしれないことを恐れていた）

show up は「到着する、現れる」という意味で、特に人がどこからともなく現れることを説明する場合や遅れて来た場合によく使います。

A: Did David ever show up yesterday?
昨日、デイビッドは結局来た？
B: Yes, about two hours late.
うん、約2時間遅れてね。

A: Are you coming to the meeting tomorrow?
明日の会議に来る？
B: I might show up, but I might not.
行くかもしれないし、行かないかもしれない。

Part 6
New Lives

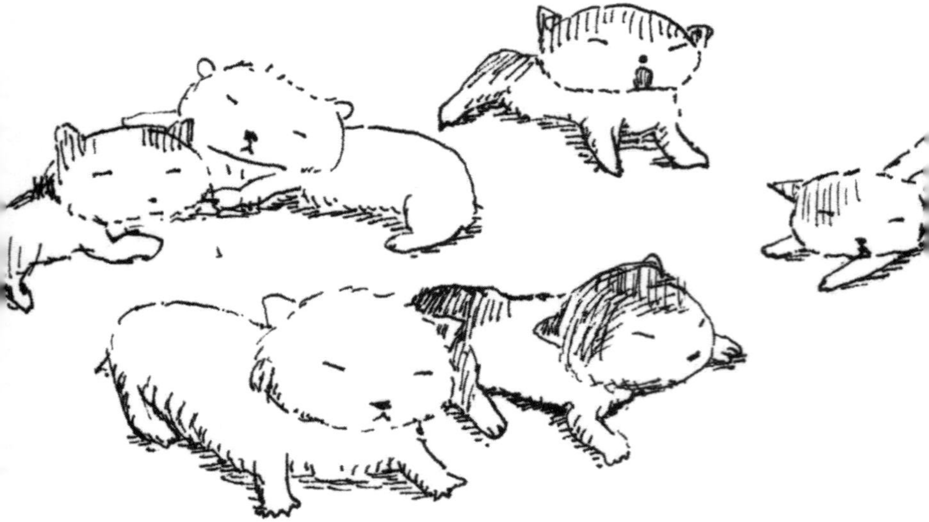

93 establish

Unknown to the cats, a conversation was taking place nearby.

"Sir? We're finished here."

Koichiro Fukuyama was happy to hear it. It had taken a long time for the moving company to get everything out of the house. He glanced at the truck parked outside. The back was still open, and the ramp to the street was still there, too.

"Did you get all the boxes inside?" he asked.

"Yes, sir," the mover said. He gave him a piece of paper. "Please sign this form and we'll be on our way."

Mr. Fukuyama and his family had lived in Tokyo for ten years. His company was based in Osaka; he had helped them to **establish** a Tokyo office. Now the company wanted to **establish** a new office overseas, and they wanted Mr. Fukuyama to manage it.

He was going to live abroad! He was excited . . . and a little nervous, too.

93 establish [エスタブリッシュ]

start a new organization, system or procedure
新しい組織、システムまたは手続きを始める（動詞）

> **His company was based in Osaka; he had helped them to establish a Tokyo office.**
> 彼の会社は大阪が本社だったが、東京支社の設立を彼は手伝ったのだった。
>
> **Now the company wanted to establish a new office overseas, and they wanted Mr. Fukuyama to manage it.**
> 今度、会社は海外に新オフィスを作る予定で、彼らは福山氏にそこをまとめてほしいのだった。

使い方アドバイス

establish は会社の設立やプログラムや手続きなどが始まることを伝えるニュースでよく見る単語です。establish は小さいことでも、新しく何かを立ち上げたときにそれを自分の業績として伝えるのに適切で、好印象を与える単語です。ただし、一時的に存在する出来事や自然に起こることには使えません。つまり意図を伴い、長期的に存続するようなことを立ち上げるときに establish を使います。

> **Apple Computer, Inc. was established by Steve Jobs and two others in 1976.**
> アップルコンピュータはスティーブ・ジョブズとその他二人によって 1976 年に設立された。
>
> **We're currently establishing a new customer service center.**
> 我々は現在、新しいお客様サービスセンターを立ち上げ準備中です。

ここにも注目 🐾

Please sign this form and we'll be on our way.
（この用紙に署名してください。そうしたら行きますので）

on one's way の直訳は「途中にいる」で、出発地と目的地の間にいる、という意味です。ストーリーのように未来形で使うと leave「出発する」と同じ意味です。下の例文のように「今、(目的地に) 向かっている途中」という意味もあるので、携帯メールで待ち合わせの相手に連絡するときに omw (on my way) という略語でよく使われます。類似表現の in one's way は「だれかのじゃまになっている」という意味ですから区別して使いましょう。

> A (on the phone): Where are you?
> （電話で）どこにいるの？
>
> B (on the phone): I'm on my way. See you in a few minutes.
> （電話で）今、向かっているところ。数分で着くから。

94 commitment

Mr. Fukuyama had never lived abroad before. He had also never been in charge of an office before. Initially, he had wondered if he could do it. But, after thinking about it and discussing things with his wife, he had made a **commitment** to work at the new office for at least five years.

"Five years is a big **commitment**!" one of his friends had said.

"I know," Mr Fukuyama had said. "But it's such a great opportunity. I can't pass it up."

94 commitment [コミットメント]
promise
約束、決心、献身（名詞）

He had made a commitment to work at the new office for at least five years.
新しい支店で少なくとも５年間は働く決心をした。

Five years is a big commitment!
５年は大きな約束だね！

使い方アドバイス

commitment は promise より真剣でフォーマルな印象のある単語です。ビジネスや政府などに関する改まった話題で使われます。どちらも何かをするという「約束」を意味しますが、commitment には、約束を果たすのに必要な「強い意志」という意味もあります。企業や政府の、公約を果たす能力が疑われる場合に、新聞の見出しなどでも、restate their commitment「公約を果たす意志を改めて表明する」という表現で commitment が登場することがあります。なお、何かをする意志を示すために払う「お金」という意味もあります。

Ichiro succeeded because he had a strong commitment to baseball.
イチローは野球に対する絶大なやる気があったので成功しました。

Our company has increased its commitment in this project to 100 million yen.
我が社はこのプロジェクトに対する支援金を１億円に増やしました。

ここにも注目

He had also never been in charge of an office before.
（支店を任されたこともなかった）

in charge (of ～) は「(～の) 責任を任される、(～を) 取り仕切る」の意味でよく使われるイディオムです。会話では否定文や疑問文でもよく用いられます。

A: **What's Ms. Harada's position at this company?**
この会社での原田さんの職は何ですか。
B: **She's in charge of China-related sales and marketing.**
彼女は中国関係の販売とマーケティングを取り仕切っています。

A: **Who's in charge here?**
ここの責任者はだれですか。
B: **Me. I'm in charge.**
私です。私が責任者です。

95 annual

It was a chance to experience life in another country, for one thing. Mr. Fukuyama had always loved traveling to new places. For another, if the new office was successful, his company's **annual** sales were sure to increase—perhaps by as much as thirty percent. If that happened, his **annual** income was sure to increase as well. It might even double.

He stopped to think about that for a minute.

By the time his contract was finished, he might be earning *twice* as money every year!

It was a nice dream. He hoped he could make it happen.

95 annual [アニュオー]
yearly
年に一度、年次の（形容詞）

If the new office was successful, his company's annual sales were sure to increase.
新支社が成功すれば、彼の会社の年間売上高が増えるはずだった。

His annual income was sure to increase as well.
彼の年収も上がること請け合いだった。

🐾 使い方アドバイス

annual は、「年」を意味する ann- という接頭辞で始まる単語です。yearly と同じ意味ですが、daily「一日一回」、weekly「週一回」、monthly「月一回」、yearly「年一回」などに比べると、意味を推測しにくいかもしれません。なお、yearly は副詞としても使えますが、annual は形容詞で副詞は annually です。書いたり話したりするときに、once a year「一年に一回」というフレーズの代わりに annual や annually も使いこなせるようになりましょう。

My brother's company has its annual picnic in July.
私の弟の会社では毎年7月に年次ピクニックを開く。

The 65th annual 'Kohaku Uta Gassen' was won by the white team.
第65回目の「紅白歌合戦」は白組の勝利となった。

🐾 ここにも注目

He hoped he could make it happen. (彼はそれをかなえられるといいなと思った)

make it happen は夢や目標などを「かなえる、実現させる」という表現です。文法的には make は「～させる」という使役動詞なので、happen「起こる」は to のない原形不定詞を使います。なお、命令形で目下の人に使うと、その人がよい提案をしたとき、「ぜひやってください」という意味でも使えます。

A: I'd really like to go to Paris this year.
今年はぜひパリに行きたいな。
B: Then let's make it happen! We'll start planning now.
じゃあ、ぜひ実現させよう！　今から計画を立てよう。

Employee: I'm sure we could save money if we changed these procedures.
従業員：これらの手続きを変更すれば経費節減ができると思います。
Manager: OK, you're in charge of the project. Make it happen.
マネージャー：よし、君がプロジェクトの指揮を執って、実行してくれたまえ。

96 faith

Of course, his wife was worried about their daughter. A mere five years old, Midori had never lived anywhere except their house in Tokyo.

"Will she be able to make friends?" his wife had asked. "Will she be able to learn the language?"

Mr. Fukuyama worried a little about these things, too. Despite this, however, he also had **faith** that everything would turn out well. Midori was a strong, intelligent little girl. She was going to be okay.

Thinking about this, he walked outside with the movers to their truck. He had **faith** in them, too—he was sure that they would deliver his family's belongings safely.

He watched as they pulled the ramp away from the truck and closed the doors. Then:

"Did you hear something?" Mr. Fukuyama asked.

The movers shook their heads.

"I guess it's nothing," he said.

96 faith [フェイス]
belief; confidence
信念；自信、確信（名詞）

He also had faith that everything would turn out well.
彼はすべてがうまくいくという強い信念も持っていた。

He had faith in them, too.
彼は業者のことも信用していた。

使い方アドバイス

アメリカやイギリスでは宗教的なことがよく話題になるので、faith は大変頻繁に使われます。faith in God「神に対する信仰」や religious faith「信仰心」にまつわる会話を聞いたり、読み物を読んだりすることがよくあります。しかし宗教的な信仰とは別に、ストーリーで使われているように何かに対する「強い自信」や「確信」という意味でも使います。例えば have faith in yourself「自分を信じる」、have faith in ～「～（の能力や可能性）を信じる」のように使います。lose faith とすると誰かや何かを信じていたのに「失望する」ことです。なお、発音は最後の［ス］を th の音にしないと face「顔」になってしまうので注意しましょう。

> You need to have **faith** in yourself in order to succeed.
> 成功するには自分の可能性を信じる必要があります。
>
> A: Are you still writing your novel?
> まだ小説書いてる？
> B: No. I've lost **faith** in it.
> ううん。もう自信がなくなったんだ。

ここにも注目

He also had faith that everything would <u>turn out</u> well.
（彼はすべてがうまくいくという強い信念も持っていた）

turn out「(結局) ～となる」という句動詞は、結果について話すときに使います。例えば本や映画、会議やクラスなど何らかの終わりがある事象の結果の説明に使うことができます。turn out を使ってわざわざ結果を述べるわけですから、予想に反する結果を述べるときにもよく使われます。

> A: I didn't see the end of the movie. What happened?
> 映画を最後を見なかったんだ。どうなった？
> B: The man's wife turned out to be the killer.
> 男の妻が実は殺人犯だったんだよ。

97 extent

Miku cried out. The other cats did everything they could to make her comfortable, but having babies is painful. Very painful. Miku was not prepared for the **extent** of the pain. She cried out again.

At that moment, there was a loud noise. It sounded like a big door being closed. For a second, it was very dark. Then a small emergency light came on in a corner, and the cats could see to a limited **extent**.

"Oh!" Miku said. She sounded different.

All of the cats looked down.

97 extent [イクステント]
amount; degree
量；程度（名詞）

Miku was not prepared for the extent of the pain.
ミクはその痛みの強さに対して心の準備ができていなかった。

The cats could see to a limited extent.
限られてはいたがネコたちは少し見ることができた。

使い方アドバイス

量や程度を表現するとき、extent はぴったりの単語です。この語の使い方は2通りあります。まず〈the extent of ＋名詞〉は何かの量が、特に予想以上に多い場合に使います。例えば、災害や戦争の被害を表すときなどによく耳にします。もう一つの使い方は、degree「程度」と同じ意味で使う場合で、to a limited extent「いくらか」、to a large extent「ほとんど」のように使います。

The doctors were surprised by the **extent** of the damage to the patient's legs.
医師は患者の足の傷のひどさに驚いた。

A: Is it true that you haven't been working recently?
このごろ仕事してないって本当？
B: To some **extent**. I've had a few part-time jobs, but that's all.
まあね。いくつかバイトしてるけど、それだけさ。

ここにも注目

It **sounded** like a big door being closed. / She **sounded** different.
（それは大きなドアが閉まるような音だった／彼女の声はそれまでと違っていた）

sound like は 86 章にも出てきている表現です。この章では英語学習者があまり使わない、動詞としての sound に注目します。例えば視界にドアはないものの、ドアが閉まるような音が聞こえたとき、それをどう表現するでしょうか？ もしくは、友達が怒っているかどうか確信はないけれど、怒ったような口調のときは？ こんなとき sound「〜のように聞こえる」を使いましょう。seem が目で見てわかる様子を説明するのに対し、sound は耳で聞こえる様子を説明します。

You sound angry.
怒っているようですね。

A: . . . and then the car broke down!
……それから車が故障しちゃったんだ！
B: It sounds like you had a tough weekend.
大変な週末だったみたいですね。

98 additional

There was now an **additional** cat with them. Tiny, eyes closed, it was covered in a kind of clear bag. Miku managed to break the bag with her tongue. The kitten began to breathe.

It was a boy. The other cats watched as he moved slowly toward Miku. Apparently he couldn't see or hear yet, but he knew where to go.

"He's hungry!" Taka said.

They watched the little kitten eat for a while, then Miku cried out again.

Another kitten came. Then another.

By the time Miku was finished, there were four **additional** cats in the world.

98 additional [アディッショノー]
extra
余分の、追加の（形容詞）

There was now an additional cat with them.
今、新しいネコが1匹彼らと一緒にいた。

By the time Miku was finished, there were four additional cats in the world.
ミクが産み終えたとき、新しく4匹のネコがこの世に誕生していた。

使い方アドバイス

「より多くの」と言いたいとき more はなじみがあって使いやすい単語なので、同義語があることを忘れがちです。同義語 additional は元の数より多いときに使えるレベルアップ単語です。なお、additional と extra は似ていますが、extra には「必要のない、余分な」というニュアンスがあります。I have an extra computer. と言えば「(使っていない) 余分な PC がある」という意味です。対して additional は単に「追加の」という意味になります。

We need an additional 50 million yen to ensure the project's completion.
プロジェクトの完了を確実にするために、追加で5千万円必要です。

The United States sent several thousand additional soldiers to the Middle East last week.
先週、米国は中東にさらに数千人の兵士を派遣した。

ここにも注目

Miku **managed to** break the bag with her tongue.
(ミクは舌でその袋を何とか破った)

〈manage to +動詞〉は難しいことを何とかし終える場合に使います。文脈から何をしたかが明らかな場合は2つ目の例文のように不定詞(to+動詞)が省略されることもあります。

A: Did you **manage to** get home last night?
昨日の夜、ちゃんと家に帰れた？
B: Yes, barely. I almost missed the last train.
うん、何とかね。もう少しで最終電車に乗り遅れるところだった。

A: Do you need any help?
手伝おうか？
B: No, thanks. I can **manage**.
うん、ありがとう。でも何とか自分でできるよ。

99 | feature

There were two boys and two girls. Miku and Hiro named the boys Fuka and Shima and the girls Hikari and Momo. They had some of Miku's **features** and some of Hiro's. For instance, Fuka's nose looked like Hiro's, but his eyes looked like Miku's. Momo had Miku's ears and Hiro's tail.

Hikari had a special **feature**. Most kittens are born with blue eyes. Their eye color changes as they get older. However, Hikari's eyes were a bright orange.

"You know what they say about cats with orange eyes," Kuro said.

"No," Miku said. "What do they say?"

"Cats with orange eyes have magical powers," Lulu said.

99 feature [フィーチャー]
significant point (especially concerning appearance)
特徴、(特に見かけに関して)重要な点(名詞)

> **They had some of Miku's features and some of Hiro's.**
> 彼らはミクの特徴もヒロの特徴も備えていた。
>
> **Hikari had a special feature.**
> ヒカリは特別な特徴を持っていた。

使い方アドバイス

feature は特に見かけについて表現するときに、よく用いられます。見かけ上目立つ特徴は feature という単語で表現できます。また、機械や部屋、報告書などの突出点についても使えます。この場合は special「特別な」や unique「ユニークな」といった形容詞を併用します。なお feature は This room features a view of the sea.「この部屋は海の眺めを売りにしている」のように「~を特徴とする；売りにする」という動詞としてもよく使われます。

> **One of the unusual features of this watch is that it can check your blood pressure.**
> この時計のちょっと変わった特徴は、血圧を測ることができる点です。
>
> **Her eyes are her best feature.**
> 彼女の目は彼女の一番よい特徴だ。

ここにも注目

"You know what they say about cats with orange eyes," Kuro said.
(「オレンジ色の目のネコについてどう言うか知ってるだろ？」とクロが言った)

you know what they say は、昔からの格言やことわざを紹介するときに使われます。古い言い習わしを完全に信用していないときにも、ユーモアを込めてこんなふうに言います。フレーズ中の they は特定の人ではなく「一般的な世の中の人」という意味です。なお、言い習わしの内容を知らなければ、ミクが言っているように No, what do they say? と聞くのが典型的です。

> **When you can't figure something out, ask for help. You know what they say: 'Two heads are better than one.'**
> 何かわからないことがあれば、だれかに助けを求めるべきだ。よく言うだろう？「二つの頭は一つよりいい」って。(注：「三人寄れば文殊の知恵」の英語訳)
>
> A: Should I tell my wife the truth?
> 妻に本当のこと話すべきかな？
> B: Well, you know what they say: 'Honesty is the best policy.'
> そうだね、よく言うじゃないですか。「正直は最善の策」って。

100 investigate

"That's just a story," Hiro said.

Taka smiled. "Time will tell."

Just then they heard the sound of an engine. Their 'room' began to shake.

"What's going on?" Lulu said. "And where are we, anyway?"

That was a good question. The cats had been so busy trying to take care of Miku that they hadn't thought about this. Hiro and Taka went to **investigate**. They looked around the small space filled with boxes and tried to figure out where they were.

"What are the boxes for?" Hiro asked.

"Let's **investigate** that later," Taka said. "Here's the problem: I think we're in some sort of vehicle. We're moving."

"Where are we *going*?!" Kuro asked.

* * *

Outside, Mr. Fukuyama, his wife, and their daughter waved at the moving truck.

"See you in America!" the little girl shouted.

"See you in America!" the driver shouted back.

Driving away, he smiled.

100 investigate [インヴェスティゲイト]
carefully search for answers
捜査する、調査する、注意深く答えを探す（動詞）

Hiro and Taka went to investigate.
ヒロとタカは調べに行った。

"Let's investigate that later," Taka said.
「それは後で調べよう」とタカが言った。

使い方アドバイス

investigate は大雑把に言えば「調べる」という意味ですが、study より調べるプロセスが複雑な感じがあります。また check と比べると investigate の方がより改まった感じがします。犯罪についての記事でよく使われますが、というのもだれが犯人かわからない場合 investigate「捜査する」必要があるからです。犯人はだれか？　このような深刻なミステリーを解き明かすときに investigate のニュアンスがぴったりです。ほかにも仕事で重要な質問に答えるときや問題を解決するときに、答えや解決法を見つけるために need to investigate「調査する必要がある」のように言います。

A: The numbers on this report don't add up to the total that's written here.
この報告書の数字はここにある合計金額と合わないね。
B: I'll **investigate** and find out what happened.
調査して何が起きたのか明らかにします。

The police are **investigating** the incident that happened last night, but no details have emerged yet.
警察は昨晩起きた事件を調査中ですが、詳しいことはまだわかっていません。

ここにも注目

Time will tell. (そのうちわかるさ)

時と場合によっては、しばらく様子を見ないと結果がわからないことがあります。そんなとき Time will tell.「時間が立てばおのずとわかる」と表現できます。この言い回しは論議に決着がつかず、時間がたてばだれが正しいかわかるだろうと言うときにも使います。

A: Are Miku and the other cats really going to America? What's going to happen to them?
ミクとほかのネコたちは本当にアメリカに行くんでしょうか？　どうなっちゃうんでしょう？
B: Only time will tell!
それは時間がたたないとわかりませんね！

ストーリー和訳

[1] 村田武は22歳のとき、東京の大企業に就職した。彼は仕事ができたので、昇進も早かった。32歳までに彼はマネージャーになり、高い給料を得るようになっていた。彼はいいマンションや高級車も買った。彼の母親は、「あとは若くてかわいい奥さんをもらうだけね！」と言った。

しかし、村田氏は内心幸せではなかった。一つには、毎日長時間働かなければならなかった。もう一つの理由は、彼は自分の仕事が全く好きでなかった。そこで34歳の誕生日に彼は突然、仕事を辞めることに決めた。

彼の母親はすっかり驚いた。「辞める？！」と彼女は言った。「これからどうするつもり？　どうやってお金をもうけるの？」

それらはすべてもっともな疑問だった。彼は数カ月間、東京都内を歩き回って自分の人生について考えた。そしてある日、店先のウィンドーで猫が寝ているのを見て、ある考えを思いついた。

[2] それは20年前のことだった。現在54歳の村田氏は、東京のネコ・カフェ、シャトー・ドゥ・シャのオーナーをしていた。お客は少しの料金を払い、腰を下ろして、コーヒーやお茶を飲んだり、簡単な食事をしたりしながらネコたちと遊ぶのだった。

それは素晴らしい人生だった。カフェは11時開店だったので9時まで寝坊することができた。それに二度とネクタイをしめなくてよかった。上司もいなかった——というのも彼自身がボスだったからだ！　一番いいことは、いろいろなネコの世話をして毎日を過ごせることだった。そしてそれは、彼が一番好きなことなのだった。

もちろん、彼はたくさんのお金をもうけているわけではなかった。そして動物の世話をするのは高くついた。結果として、彼は厳しい予算でやりくりしていた。毎月いくらお金を使うか、ネコを何匹飼うか、注意しなければならなかった。彼の予算では、多くて12匹飼うのが精一杯だった。

[3] 言いかえれば、村田氏はせいぜい12匹のネコの世話をする余裕しかなかった。しかし、今現在、カフェには21匹が住んでいた。それは自分のせいであることを彼はわかっていた。人はよく捨てネコを彼のもとに連れてきたし、彼はネコたちを拒否するのを好まなかった。でも、21匹はいくらなんでも多すぎた。まだ5月16日なのに、月の予算をすでに越えていた。彼にはこの調子で続けていく余裕はなかった。何匹かのネコに新しい家を見つけなければならなかったし、なるべく早くそうする必要があった。

[4] 暑い夏のその朝、村田氏はパソコンの前に座り、インターネットに接続した。彼はシャトー・ドゥ・シャのウェブサイトを管理していた。このサイトには彼の飼っている全てのネコの写真、名前、その他の重要な情報が載っていた。彼はカフェへの興味を維持するために、サイトを頻繁に更新するようにしていた。またウェブサイトは、ネコの新しい飼い主を見つけたり、飼い主と迷いネコを再会させる役にも立っていた。たまに、

だれかが特定のネコについてメールを送ってくることもあった。
　例えば、今日のように。

5 今日のメールは彼の知らない女性からだった。彼女はカフェのネコの1匹が彼女のだと主張していた。また午前中にネコを引き取りにカフェに立ち寄ると書いていた。実際、今から1時間ちょっとで来るというのだ。
　「やれやれ」と村田氏は考えた。「心配するネコが1匹減るな」彼は、この女性がネコが本当に彼女のだという何らかの証拠を持ってくることを願った。でも、きっとそうだ。彼はそれが彼のお気に入りのネコでなくてよかったと思った。村田氏はよくお客に、カフェにいるネコはみんな同じように好きだと言っていたけれど、これは実際には事実ではなかった。たいてい、ほかのより好きなネコが2、3匹いたからだ。現在のお気に入りはかわいい白ネコで、数カ月前、ほかの2匹と一緒に、電車の下で見つけられたのだった。
　彼女の名前はミクだった。

6 ミクは寝ていて、シャケ風味アイスクリームの夢を見ていた。ちょうど食べようとしたとき、彼女は目を覚ました。
　彼女はシャトー・ドゥ・シャの大きな窓の隣にあるテーブルの上にいた。彼女は外を眺めた。カフェの前の通りを数人の人が歩いていた。ほとんどの人は知らない人だったが、一人は見覚えがあった。彼は配達員だった。彼は時々エサを持ってきてくれた。彼女は彼がアイスクリームを持っていないかなと思った。彼女は待ったけれど、彼はトラックに乗り込んで行ってしまった。
　なぁんだ、仕方ないな。
　次に、彼女はいつものように、タカを探した。彼にまた会えると本当に期待しているわけではなかった。もし彼が通りかかっても、彼だとわかるか自信もなかった。「大きいネコ」と彼女は思った。「茶色。ほかとは違った青い目」それがタカだった。でも悲しいことに、少しずつ、彼の顔を思い出すのが難しくなっていた。

7 実際、とミクは思った。少しずつ、彼女の以前の生活のほとんどを思い出すこと自体が難しくなってきていた。彼女はある少女と彼女の両親によって川のそばに捨てられたのだった。でもそれがどこで、その人たちがだれだったのか、思い出すことができなかった。どうにかして彼女はのらネコの集まる家を見つけた。そこでの生活は厳しかった。そしてよりよいものを探そうと彼女を説得したのがタカだった。彼は新しく住む所を求めて、彼女やその他数匹のネコをここ、東京への長旅へと導いたのだった。
　彼らのうち何匹かは旅の目的を果たした。しかしミクの知る限り、タカは旅を終えることはなかった。彼女とその他2匹のネコを救おうとして、彼は2匹の犬に飛びかかり、グループからはぐれたのだった。そして彼女は再び彼と会うことはなかった。彼はどこかに行ってしまった、多分、永久に。

8 彼女は自分がどれだけラッキーかわかっていた。多くののらネコは何も持たなかった。

彼女には寝るための暖かい場所やおいしいエサもあったし、友だちもいた。素晴らしい友だちがいたのだ。そのうちの1匹が明るい黄色い目をしたかわいい黒ネコ、ルルだった。彼女はちょうど部屋に入ってきたところだった。

「起きてたの」とルルは言った。そしてテーブルに飛び乗ってミクの隣に座った。「ほとんど一日中寝てるってわかってる？」

「寝るのが好きなんだもの」とミクは言った。

「本当よね」とルルは言った。そして彼女は真面目な声で言った。「何も変わりはない？　気分はどう？」

9 ルルはほかのだれも知らないことを知っていた。ミクは妊娠していた。彼女はもうすぐ子ネコを産むのだ。おそらく間もなく。

「気分はふつう」とミクは言った。「ちょっと身体が重いけど」

「驚きはしないけど」とルルは言った。「ヒロにまだ言ってないでしょ？」

ヒロはミクにとって世界で一番特別なネコだった。彼は父親になろうとしていたが、それをまだ知らなかった。

「うん、まだ」とミクは言った。

「すぐ言わないといけないって、わかっているわよね？　いつ子供が生まれるかわからないのよ！」

ミクは笑った。「わかってる！　ちょうどいい時期を待っているのよ」

そこで声がした。「何のためのいい時期ですか？」

それはヒロだった！

10 いつも真面目なネコ、ヒロはたいてい、もの静かだった。ルルもミクも彼が入ってきた音が聞こえなかったぐらいだった。彼もテーブルに飛び乗った。「それで、どうしたんですか？」と彼は尋ねた。

「う〜ん……何でもない」とミクは急いで言った。「ガールトークよ」

「そう」とルルが言った。「ファッションとかスイーツの話とか……わかるでしょ」

「そうですか……」とヒロが言った。

彼は彼女たちの言ったことを信じていないようだったが、気にしてもいないようだった。ミクの隣に座って、彼は鼻でミクの鼻に触った。彼女は自分にとって彼がどれだけ重要かを、また考えさせられていた。親切で穏やかな性格で、彼はほかのどのネコより、よく彼女の世話をしてくれた。

「あなたって本当いいネコよね。知ってた？」とミクはささやいた。

「思い出させてくれてありがとう」とヒロもささやき返した。

ミクはルルが自分のことを見つめているのに気づいていた。そして、報告する時期は今かもしれないと思った。

「あのう、ヒロ、ところで……」と彼女は言った。

11 ミクは言いかけた文章を終えることができなかった。そのとき、2匹のネコが入ってきたからだ。1匹はNという頭文字だけの名前で、ルルのボーイフレンドだった。背

が高くやせていて、タフな感じの顔を持つＮは、カフェではお客にあまり人気がなかった。だからルルは、村田氏がいつか彼をどこかにやってしまうのではないかといつも心配していた。
　もう１匹のネコの名前はクロだった。クロもルルのような黒ネコで、しばしば暗いことを考えていた。このことはみんなを不思議がらせた。なぜなら彼は人生のほとんどをシャトー・ドゥ・シャで過ごしていたからだった。彼はほんの子ネコのときにここに来たのだった。だから事実上、彼の人生はずっと豊かだった。そんな彼がどうしてネガティブに物事を考える必要があるんだろう？　ほかのネコたちはだれも理解できなかったが、クロは暗いが面白くもあったので、みんな彼のことは好きだった。

12 一方、Ｎは全然面白いことを言わなかった。それどころか、彼はほとんどしゃべらなかった。ミクは彼を見ながら、カフェで彼と一緒に住んでかなりたつのに（ネコは時間の流れをこんなふうに考えはしないが、実は６カ月以上たっていた）、彼については、ほとんど何も知らないことに突然気づいた。ルルはなぜＮのことがそんなに好きなんだろう？　どうして一緒になったんだろう？　彼女とルルはしょっちゅう話をしたけれど、Ｎの名前が話題に上ることはほとんどなかった。
　それは不思議なことだった。でも、ミクはルルが大切な人を見つけたこと、そしてみんながとても幸せなことをうれしく思った。
　といっても、クロ以外のみんなはということだったが。「見ろ！」と彼がみんなに言った。「見ろってば！　見えるか？　オレはもういつ死んだっておかしくないんだ。オレにはわかるんだ」

13 「何を言ってるの？」とルルが尋ねた。彼女は心配してはいなかった。クロはしょっちゅう、オレはもうすぐ死んでしまうと言っていたのだ。クロは死というものは定期的に彼を襲ってくるものだと思っていた。
　「オレの頭のてっぺんを見てみろ！」とクロが言った。「見えないか？」
　「何が見えるって言うの？」とミクが尋ねた。
　「毛！」とクロが言った。「白い毛！　もうオレは老いぼれだ！　もう死んでしまうんだ！」
　ほかのネコたちも興味津々に何が起きているのか見にやって来た。あっという間に、１２匹を超えるネコがクロの黒い頭を見るために集まった。
　「どうかしてます」とヒロが言った。「白髪１本を根拠に年寄りだって思うんですね？」
　「それに、白い毛なんてないわよ」とミクが言った。
　「見ろ！」とクロは言った。「左耳のすぐ横！」

14 クロは白髪があると言い張ったが、ネコたちはだれもそれを見つけることができなかった。
　「保証するわ、白髪なんてない」とルルが言った。
　「ある！」
　「ない！」

彼は自分が正しいと主張し続けたので、彼らは鏡の前まで歩いて行った。
「ほらね？」とミクが言った。
「わけがわからねえ」とクロが言った。「オレ見たんだ。絶対だ。見たんだって！」
「多分、抜けたんじゃない？」とほかのネコの一匹が言った。
「はげちまうって言うのか？！」とクロが言った。
「わかりました。落ち着いて」とヒロが言った。「深呼吸して。もし白い毛が一本あったとしても、あなたが年寄りだとか毛が抜け落ちるとかいうことじゃありません。こういうことは時々起こるものなのです」
「お前にも起こったことあるのか？」とクロが尋ねた。
「ええと……いいえ」
彼らがそれについて言い争っていたとき、カフェのドアが開いた。ルルはちらっとそっちを見たが、彼女の目が驚きで大きく開いた。
「いやだ」と彼女はつぶやいた。「やだ、私信じない！」

15 1人の女性が男の子を連れてカフェに入ってきた。女性は村田氏に怒った調子で話し始めた。男の子はあたりを見回し始めた。その子は罪のなさそうな顔をしていたが、ミクは彼の目から不気味な何かを感じて、怖く感じた。
ルルは怖がっているというものではなかった。彼女はパニックに陥っていた。「彼らよ！」と彼女は言った。
「だれ？」とミクは聞いた。彼女はその女性にも男の子にも見覚えがなかった。
「私が逃げてきた家族！」
ルルは子ネコのときからほとんど毎日虐待を受けていた。そしてとうとう逃げ出したのだった。彼女の人生は大半がひどいものだったが、彼女の身に起きたことにもかかわらず、彼女はミクが知るネコの中で最も前向きで親切なネコの1匹だった。彼女の正気でない家族が本当にまた彼女を見つけることができたのだろうか？
「確かなの？」とミクは尋ねた。「どうして彼らがここにいるの？ 東京には住んでなかったんでしょ？」
「彼らよ！」とルルは言い張った。

16 その女性は村田氏がルルを盗んだと責めていた。
「今朝、お宅にメールしましたよね。うちの家族は最近成田から東京に引っ越してきたんですよ。成田で去年、ネコがいなくなったんですけど、お宅のウェブサイトで昨日の夜、同じネコを見つけたんです！ ルルちゃんを盗んだのはあなたでしょ！ すぐに返してください。でないと警察を呼びますよ！」
村田氏は信じられなかった。「奥さん、私はあなたのネコを盗んだりしていません。私は——」
「今すぐ！」と女性は要求した。
「ちょっと説明させてくれませんか——」
「ママ！」と男の子が興奮して叫んだ。彼は部屋の反対側を指さした。「あそこにいる！」
彼は走って行って、階段を駆け上がろうとしているルルを抱き上げた。

「ほら、こっちよ！」と彼の母親は言った。彼女は動物のための特別な携帯用ケースを持っていた。母親と男の子は一緒になってルルを乱暴にそこに押し込めた。
　「ちょっと、待ってください！」と村田氏が言った。

17 「そのネコを簡単に連れて行くことはできませんよ！」と村田氏は言った。「彼女が本当にあなたのネコだっていうことを確認しなければなりません！」
　女性は彼に数枚の書類を投げてよこした。その中にはルルの写真と所有者の記録も含まれていた。書類のあらゆる内容が女性の言っていることが正しいと証明していた。
　「もちろん、うちのネコに決まってるでしょ」と女性が言った。「だからお宅が気に入ろうが気に入るまいが、連れて行きます！　このネコのことをどんなに私たちが心配していたかわかりますか？　息子なんてネコがいなくなって、泣き暮れていたんですよ！」
　村田氏は男の子をちらりと見た。彼はルルの入ったケースを振っていた。
　「やめなさい！」と村田氏は言った。「彼女がけがをするじゃないか！」
　「うちの息子にどならないで！」と女性は叫んだ。「それから私たちのそばに来ないで。でないと本当に警察を呼ぶわよ！」
　そして彼女は回れ右をして息子を引っぱり、カフェから出て行った。

18 男の子がルルを連れて行ってケースに入れたとき、ネコたちはショックのあまり初めは全く何もしなかった。まるで動くことができないようだった。女性と村田氏が言い争うのをただだだ見ていた。女性と男の子が出て行こうとしたときでさえ、ネコたちは完全にかたまっていた。
　そして彼らはルルがケースの中で「助けて！」と叫んでいるのを聞いた。
　「ルル！」とＮが叫び、そして突然ネコたちは全員いっぺんに前に走って行った。

19 あっという間に、ネコたちはドアのところまで行った。何が起きているか理解したとき、村田氏はネコたちが出て行くのを止めようとした。彼は急いでドアの所に行ってドアを閉めようとしたが、Ｎ、ヒロ、クロ、ミクはドアが閉まる前に外に出ることに成功した。
　村田氏は彼らの後を追うことができなかった。もしもう一度ドアを開けたら、カフェにまだいるほかのネコも外に出ようとすることは明らかだったからだ。それが起きるのは避けなければならなかった。窓から外を見て、ミクと彼女の友達がすぐ戻ってくることを望むしかなかった。

20 いったん彼らが外に出ると、ミクは目を大きく見開いて、一瞬立ち止まらなければならなかった。彼女はシャトー・ドゥ・シャに着いて以来外に出たことがなく、窓から外を見ているだけだったからだ。でも窓から見える景色は限られていて、彼女は車や建物が本当はどんなに大きいか忘れてしまっていた。何もかも全部がすごく大きい！　巨大だわ！　それに騒音もすごかった。彼女はほとんどまともにものを考えることができなかった。彼女は何よりもすぐカフェに走って戻りたかった。外で一体何をしようというの？　これはすべて大きな間違いだわ！

パニックになって彼女が走り出そうとしたとき、聞き覚えのある声がした。それはクロで、彼は叫んでいた。「見ろ！」

21 「こっちだ！」とクロが言った。「道の上！」
　ネコたちはクロの言う方を見た。女性と男の子がルルの入ったケースを黒い乗り物に入れようと、道に立っていた。それは自動車のように見えたが、横には変な字が書いてあり、上に電気がついていた。運転手は白い手袋をしていた（それはもちろんタクシーだったが、それがわかっているネコはいなかった。一度も見たことがなかったからだった）。
　「助けて！」とルルがまた叫んだ。
　女性と男の子も中に乗り込んだ。ドアが自動的に閉まり、その乗り物は動き始めた。

22 ルルの名前を叫びながらＮはタクシーの後を追い始めた。
　ヒロは彼に向かって叫んだ。「道に出ちゃいけません！」
　ネコたちは歩道を、タクシーを見失わないように追いかけて走った。それはとても大変なことだった。外にはたくさんの人がいて、避けて走らなければならなかった。道の端に止めてある車やトラックが、しょっちゅう彼らの視野をさえぎった。さらに悪いことに、彼らが追いかけている乗り物が、特別ではないことに彼らはすぐに気がついた。道路には非常に似たタクシーがたくさんあったのだ。事実、それらは実質同じに見えた。
　とうとうタクシーは彼らの走るスピードより速くなった。これは一番大きな問題だった……特にミクにとっては。

23 ミクは走るのに少し苦労していた。妊娠のせいで、いつもと同じようには速く動くことができなかった。そしてまだ数分しか外にいないのに、ひどく疲れていた。ルルのことだけを思って彼女は前進し続けた。そうでなければきっと、ずっと前にあきらめていただろう。
　幸い、道路の交通量は多く、またすべての乗り物を止める力を持っていると思われる奇妙な赤い光もたくさんあった。でなければ一番走るのが速いネコでさえ、タクシーを視界にとらえておくことができなかっただろう。
　ネコたちはタクシーになるべく近づくよう、走りに走った。だが突然、彼らはそれを見失ってしまった。

24 「見えません」とヒロが言った。「見えます？」
　クロはあちこちぐるぐると見回した。「いや！」
　「どこだ？！」とＮが叫んだ。
　ネコたちは道路を注意して見ながら待った。全員が同じことを考えていた。
　ルルは永久にいなくなってしまったのか？
　ちょうどそのとき、ミクが横をちらっと見ると、道路の少し先に止まっているトラックの前から黒い乗り物が現れるのが見えた。
　「あそこ！」と彼女が言った。

トラックは巨大だった——それでタクシーが見えなかったのだ。彼らはタクシーに向かって走ったが、それは高いビルの前で止まった。ドアの1つがまた勝手に開いて、女性と男の子が車から出てきた。男の子はルルが中にいるケースを持っていた。
　彼らにまだチャンスはあった！

25 「どうしたらいい？」とクロが尋ねた。不安でいっぱいになって彼は女性と男の子を見ながら、うろうろと同じ場所を歩き回った。
　「飛びかかってかみついてやろう！」とＮは言った。
　「それから、どうします？」とヒロは言った。「ルルをあのケースから出すことができなかったら？」
　「やってみましょうよ！」とミクは言った。
　「やろう！」とクロが言った。
　しかし彼らは間に合わなかった。女性と男の子はルルの入ったケースを持って高い建物の中に入っていった。ネコたちは後を追ったが、中に入ろうとしたとき、老人が角から出てきて、すぐさま彼らを外に押しやった。女性と男の子は閉まるエレベーターのドアの向こうに消えてしまった。彼らは行ってしまったのだ。

26 「ルル！」とＮは叫んだ。ネコたちはすぐまた建物に入ろうとしたが、同じ老人が待ちかまえていた。どなりながら彼はモップを持ってネコたちをたたこうとしていた。ネコたちは彼の言うことはわからなかったが、彼の意味する所は極めて明らかだった。
　外にいろ……でないと！
　ネコたちは逃げるしかなかった。そうでなければ老人が彼らにけがをさせることは間違いなかった。にもかかわらず、彼らが外に出るとすぐＮはもう一度入ってみるべきだと言い張った。
　「いいえ」とヒロが行った。「危険すぎます」
　怒ってＮは言った。「怖いのか？！」
　「うん！」とミクとクロが同時に答えた。そしてミクが付け加えた。「彼が私たちを怖がらせようとするの見たでしょう？　もう一度あそこに入ろうとしたら、必ずだれかがたたかれることになる」
　「でもオレたちは何かしなくちゃ！」とＮが言った。

27 Ｎの言うことは正しかった。そしてミクは、彼が認識しているより問題が深刻であることを知っていた。ルルは時々ミクに彼女の過去、彼女の家族——特にあの男の子が——彼女にしたことについて話していた。彼女はほかのだれにも話していないこともミクに打ち明けていた。あの男の子は心底、ひどい子供だった。
　ミクはＮに自分が知っていることを言いたくなかった。彼がすでに十分心配していたからだった。でも、彼女が確信していることがあるとすれば、それはルルが早急に助けを必要としているということだった。
　ヒロは彼女の不安を感じ取っていた。「みなさん、ちょっと落ち着きましょう」と彼は言った。「どうにかしてルルをあそこから助け出しましょう」

「どうやって？」とクロが尋ねた。
「まだわかりません」とヒロが言った。「まず入る方法を見つけなければ」

28 彼らが正面玄関から入れないのは明らかだった。老人が窓から彼らを見ているのが見えていた。顔を見ているだけで十分恐かった。
　ネコたちは建物の裏に歩いてまわった。ここにも明らかな所に入り口はなさそうだった。ドアはあったが閉まっていた。正面のドアとは違って、それは勝手に開かなかった。
「ふむ、これはまずいな」とクロは言った。
　ネコたちが見る限り、ほかにドアはなかった。見上げると、壁が見えた。そしてすき間があって、また壁があった。そしてすき間、壁、すき間……とずっと一番上まで続いていた。壁とすき間……ネコたちはそれ全部がすごく変だと思った。
「ここはどういう所なんだ？」とＮが尋ねた。

29 ネコたちは気づいていなかったが、彼らが見ている建物は全く変わってなどいなかった。実際、それは極めて典型的な建物だった。それは高層マンションだったのだ。12階建てで60戸あるマンションだった。その規模に変わった点など何もなかった。ビルは茶色──これもお決まりの色だった。建物の名前もごく普通で、「グランド・コート」という名だった。
　入り口のある南側はすべてバルコニーだった。ネコたちが今いる北側は通路と階段とマンションの（部屋の）ドアがある側だった。しかしネコたちのいる場所は（もちろん）地上に近いため、これらの物は何も見えなかった。見上げて見えるのは、壁と空間のように見えるスペースだけだった。
　最初は謎解きパズルのようだったが、ヒロはすぐにあることを思いついた。

30 「あそこの壁を見て」とヒロは言った。「ほかのほど高くありません」
　ネコたちはよく見ようとそこに歩いていった。ヒロが言うことは正しかった。壁は高いことは高かったが、ほかの壁は確実にもっと高かった。
「飛び越えられると思うか？」とクロが聞いた。
「やってみるしかないですね」とヒロが言った。
「オレが最初に行く」とＮが言った。
　彼は数歩走って飛んだ。最初は飛び越せないように思えたが、彼は成功した。
「ちょっと難しいが、できなくはない」と彼は言った。「反対側には階段があるぞ。みんな来い！」

31 ネコたちはみな壁の向こうに行くことができた（ミクにとってそれはとても大変なことだったが）。でも別の問題が彼らを待っていた。彼らは現在、東京に住んでいることは事実だが、ネコたちはみな出身は田舎だった──だからマンションの建物の中に入ったことがある者は１匹もいなかったのだ。最初彼らはその建物が家屋の一種だろうと思った──今まで見た家より大きいが、家には違いない、と。しかしここには、多くの人が住んでいるようだった。驚いたネコたちは２階、３階、４階と上がって行った。

「そこら中にドアがある！」とクロが言った。
「こんなにたくさんの人が一つの場所に住むことができるのかしら？」とミクが尋ねた。
「どうやらそのようです」とヒロが言った。
次の質問は明らかだった。
こんな所で一体どうやってルルを探せるというのだ？

32 彼らが思いつく唯一できることは、ルルの名前を呼んで彼女が答えてくれることを願うことだけだった。
「ルル！」とミクは叫んだ。
「どこにいるんだ？」とＮも叫んだ。
ルルは答えなかった。代わりにすぐ起きたことは、数匹の犬がほえ始めたことだった。
「あ、やばい」とクロが言った。
その次に起きたことは、4階のドアのうち2つが開いたことだった。太った女性がネコたちを見てどなり始めた。彼らが動かなかったとき、彼女は傘で彼らを脅しながら、外の廊下を歩いて近づいてきた。
「逃げましょう」とヒロが言った。
ネコたちは階段に走って戻った……すると玄関にいた老人が上がってくるのが見えた！

33 老人は彼らが階段に行く道をはばんでいた。太った女性が外の廊下に行く途中に立ちはだかっていた。
「階段を上りましょう！」とヒロが叫んだ。
彼らは老人が後を追ってくる音を聞きながら、できるだけ速く階段を走って上がった。上の階でどこか隠れる場所を見つけるべきだったのだろうが、彼らはとても慌てていたのでそれを思いつかなかった。代わりに建物の最上階まで一気に上って行った。階段の終わりには鍵のかかった門があったが、ネコでなく人が通り過ぎるのを防ぐためのものだったので、彼らは簡単に下をくぐりぬけることができた。でもそうしたとき、彼らは自分たちが建物の屋上にいることに気がついた。
もう行くところはどこにもなかった。

34 「困ったことになったぞ」とクロが言った。
ネコたちは屋根の端に走って行って下を見た。地面までは長い長い距離があった。英語では「ネコには命が9つある」と言う。その理由の一つは、彼らが高い場所から落ちても死んだりけがをしたりする様子がなく、いつだって生き残るからだった。
でも彼らがこの建物の屋上から落ちて生きて戻る可能性はなかった。
「さっき言ったことは取り消す」とクロが言った。「困ったことどころじゃない。オレたちはもう終わりだ！」
彼らの後ろには老人が鍵のかかった門まで迫ってきていた。彼は門を開けようとしていたが、ひっかかって開かなかった。

「あいつが門を開けたら、飛びかかるのがいいと思う！」とＮが言った。
　ヒロは端をもう一度見てから真っすぐ前を見た。ミクには彼が何か考えついたのだとわかった。
　悪い考えに違いなかった。
「私はジャンプするのがいいと思います」とヒロが言った。

35 ミクはびっくりした。ほかのネコたちも同じだった。
「おかしくなっちまったのか？！」とクロが言った。「死にたいのか？」
「最後まで聞いてください」とヒロが言った。「ここの隣のビルを見てください」彼らは見た。それは彼らのいるビルとほぼ同じ高さだった。「もちろん完全に確信しているわけではありませんが、このビルの端からあのビルの端までネコ４匹分の距離があると推定します」
「遠すぎる！」とミクが言った。
「できるだけ速く走ってできるだけ遠くまで飛んだら、大丈夫だと思います」とヒロが言った。彼は門の方をちらりと振り返った。「そうでなければ、老人があの門を開けるまで５秒ぐらいしかないと思います」

36 「オレはやっぱり彼を襲うべきだと思う！」とＮが言った。
「そして負けるんですか？」とヒロが尋ねた。「そしたらだれがルルを救うのですか？」
　ヒロがそんなふうに言ったとき、ネコたちはほかに選択の余地がないことに気づいた。
　ヒロが飛ぶのに一番いい場所を指した。「ここです」と屋根の端のある場所を左足で指して言った。
「死んじまうな」とクロが言った。でも彼は端から離れて、走る準備をした。
「ヒロ……」ミクが言った。彼女は彼とだけ話がしたいというそぶりを見せた。
「ミク、行かなくては！」とヒロが言った。彼は門を振り返ってちらっと見た。老人はとうとうぴったりの鍵を見つけた。
「言わなきゃならないことがあるの！」
　ちょうどそのとき、老人が門を開けた。
「また後で！」とヒロが彼女に言った。「みんな、今です！」
　かつてなく速く走って、ネコたちはジャンプした！

37 そのとき、マンションの９０２号室の中でルルは恐怖で震えていた。
　男の子はケースを開けようとしていた。
　彼は彼女を抱き上げて、指で彼女の頭上の毛をなでた。ルルには、母親が部屋の反対側から彼らを見てほほ笑んでいるのが見えた。母親の前では、いつものように男の子の振る舞いは親切で優しかった。
　でもルルは彼がルルと二人だけになった途端に、行動が変わることを知っていた。
　彼女は最後に彼を見たときのことを思い出していた。彼は彼女を洗濯機のところに連れて行った。彼の計画が彼女を中に入れることだということは明らかだった。彼女は彼の腕をかんで開いている窓から逃げたのだった。二度と会うことがないことを願ったの

233

に、彼はこうしてここにいた。
　今問題になっているのは、彼女がこの状況にどう対処するかということだった。

38 ルルが男の子やその家族と前に一緒に住んでいたとき、彼は彼女をしょっちゅうたたいた。毎日ではなかったが、ほとんど毎日だった。しばしば彼女はとても怖い思いをしたので、ベッドの下に何時間も隠れていた。えさを食べに出て行きさえしなかった。
　もう一度あんな生活をすることは不可能だった。できっこなかった。したくなかった！どうにかして彼女はまた逃げなければならなかった。
　でも、どうやって？
　男の子が彼女を抱いて耳にささやきかけている間に、彼女は部屋を見回した。彼女は自分がどこにいるか知らなかった。ずっと前に住んでいた家とは同じではなかった。
　でも、前と同じように開いた窓があった。床からいくぶん高い所にあったが、あの高さなら何とかジャンプできそうだった。
　彼女にできるだろうか？　はっきりはわからなかったが、やるだけやってみないといけないことに彼女は気づいていた。

39 男の子の母親が彼を大きな声で呼んでいた。彼はルルをそっとソファに置いて母親の所に歩いて行った。彼と母親は何かについて数分話していたが、それから２人とも部屋を出て行った。
　ルルは自分しか部屋にいないことに突然気づいた。
　さらにいいことに、部屋の反対側の窓もまだ開いていた。
　今が一番いい機会だということに彼女は気づいた。男の子と母親は彼女がこんなに早く逃げようとするとは思っていないだろう。
　ルルは飛び上がった。できるだけすばやく彼女は部屋を横切り、いすに飛び乗り、窓の所にまた飛び上がった。でもそこで彼女は落ちないように、すぐさま止まらなければならなかった。
　「まあ、なんてこと」と彼女は言った。望みがすべて消えてしまった。

40 ルルは窓が地面の近くにあるだろうと予測していたのだった。ミクやほかのネコたちと同じように、彼女もマンションに入ったことがなかった。彼らのように彼女も、ここが家と同じような所だと思い込んでいた。そして、家なら２階の窓でもネコにとってはしばしば飛び降りられる高さであることが多かった。
　でも、これは……これは不可能だった。下を見て、彼女は自分の目を疑った。彼女は一番高い木よりも高い所にいた。ほかの家やビルのてっぺんを見下ろすことができた。彼女がここから飛び降りるのは到底無理だった。
　だから彼女が逃げることも絶対、できなかった。
　まだいくらかショックを受けながら、彼女は振り向いて部屋を見た。男の子が角から現れたところだった。
　彼女を見たとき男の子はほほ笑んだ。まるで彼は彼女が何を考えているか知っているかのようだった。

41 ミクが屋根の端からジャンプしたとき、彼女は目をしっかり閉じた。それでも彼女は下にある空間をひしひしと感じた。とても恐くて、自分が落ちていくのを感じたとき、もう人生は終わりだと彼女は思ったほどだった。「これで終わりだわ」と彼女は思った。
　しかし、その後彼女は隣の建物の屋根に、生きて着陸した。
　成功したのだ！
　ほかのみんなも成功した。老人はさっきの建物の屋根から、驚いて彼らを見ていた。ヒロはミクの所に駆け寄った。「大丈夫ですか」と彼は尋ねた。
　「ええ」と彼女は言った。「でももう二度とやりたくないわ」
　ヒロも実は少し恐かったと認めた。
　「少しだって？！」とクロが言った。「おかしいんじゃないか？！　ひどかったぞ！ お前のアイデアの中で、一番ひどいアイデアだ！」
　「そうですね」とヒロが言った。「それは認めます」

42 「ところで」とヒロがミクに言った。「ジャンプする前に言おうとしていたことは何だったんですか？」
　「ええと……」とミクは言った。今がヒロに父親になると言う最善の機会だろうか？
　「実は――」
　しかしミクが言い終える前に、Ｎが暗そうに言った。「オレは戻る」
　Ｎはジャンプのことをすでに忘れてしまったようだった。彼はあっちの建物から自分たちのことを見ている老人をじっと見ながら、屋根の端に立っていた。
　「戻るですって？」ヒロが聞いた。「そしてどうするんですか？　何をするつもりですか？」
　「ルルを見つけるつもりに決まってるだろ！」
　「どうやって？」
　「わからん！」とＮが言った。「でもこれ以上逃げるのはいやだ。それだけは確かだ！ オレはあのじいさんなんか恐くない！　お前が恐いと言うならオレは一人であいつと戦ってやる！」

43 Ｎとヒロは数分間、言い争った。ヒロはネコたちが何らかの作戦を立てる必要があると強く感じていた。「計画もなしにあの建物に戻って行くことはできません」と彼は言った。「いい計画が必要です」と彼は強調した。「でなければ、ルルを取り戻すことは絶対にできないでしょう」
　「作戦にかけてる時間なんかない！」とＮは主張した。「ルルはオレたちの助けを今、必要としているんだ！」
　彼はすぐに助けに行こうと強く言い続け、しばらくの間どのネコも、彼の決心を変えられるようなことが言えないようだった。

44 しかし、とうとうネコたちは彼を説き伏せた。彼を最終的に説得したのはミクだった。
　「初めは私もパニクっていたけど、ルルは見かけより強いわ」と彼女は言った。「私たちが彼女を助け出す作戦を考えるまで、自分の面倒を見られるはずよ。でも今、早まっ

て失敗したら、本当に困ったことになると思うの」
　Nは数分間、黙っていた。そして静かな声で、ミクの考えが正しいと認めた。「で、これから何をすればいいんだ？」と彼は尋ねた。
　「まず、暗くなるまで待つべきだと思います」とヒロが言った。「そしてその間に——」
　「その間に、何か食べる物を見つけられるか？」とクロが聞いた。「オレ、すごく腹が減ってるんだ」
　「腹が減ってるだと？」とNは言ったが、彼はすぐクロが正しいことに気がついた。ネコたちは何か食べる必要があった。そうでなければ弱って何もできないだろう。
　Nはただその間にルルに何も悪いことが起こらないことを願うのみだった。

45 その間、ルルはとても緊張しながら、マンションの902号室にいた。男の子と母親は午後の間ずっと忙しく掃除をしていた。昼食の後始めて、数時間やっていた。その間、彼女はほかの逃げ道を探してマンションの（902号室の）中をくまなく探索した。あらゆる場所を全部見た。何も見つけることができなかった。
　次に何をすればいいのか見当もつかなかった。
　男の子は彼女を傷つけようとはまだしていなかったが、時間の問題だということはわかっていた。多分あと1日ぐらいは男の子は親切でいるだろうと彼女は見積もった。幸運だったらあと2日ぐらいは。
　もし運が悪かったら、彼の行動はすぐにも変わるかもしれなかった。

46 彼女はシャトー・ドゥ・シャの友達のことを考えた。男の子が彼女を変な黒い乗り物に乗せるときに、彼女はN、ヒロ、ミク、クロがカフェから走って出てくるのを見ていた。彼らも彼女を見たはずだったが、追いかけることはできたのだろうか？　彼女には確信がなかった。ネコは素早いが車はもっと速かった。Nやほかの仲間たちからの助けを期待することはできなかった。
　「自分で何とか逃げなくちゃ」と彼女は考えた。「でもどうやって？？　できると思えない！」
　午後の時間がゆっくりと過ぎる中、彼女の恐怖と不安はだんだん増していった。

47 午後から夜になった。その夜の夕食時、男の子はまだ親切な態度を取っていた。彼はルルに食べ物をやり、ボウルに水を入れてくれた。彼は彼女に優しく話しかけた。もちろん、彼女は彼の言っていることはわからなかったが、彼の口調は柔らかく優しかった。こうした彼の態度はなぜか彼女をより緊張させた。
　「長続きするわけないわ」と彼女は思った。
　そして長続きしなかった。夕食後、両親がまだ食卓で話している間に、男の子は彼女を抱き上げ彼の部屋に連れて行った。
　突然、彼の態度は変化した。
　「バカネコめ」と彼は言った。

48 「二度とお前に会うことはないと思ってたんだがな、バカネコめ」と男の子は言った。

前と同様、ルルには彼の言葉はわからなかったが、だいたいの意味合いはわかった。彼女はすぐ彼の腕から飛び降りてベッドの下に走って入った。彼の態度が変わるまで、彼がまた彼女を抱き上げることがないようにしたかったのだ。
　彼は小さい暗い目で、ベッドの下の彼女を見た。
　「お母さんがお前を見つけたことがまだ信じられない」と彼は言った。「お前が前に逃げたときすごく怒られたんだぞ」
　彼はぞっとするような笑みを浮かべた。
　「ふん、お前が二度と逃げられないことを保証してやる」と彼はささやいた。
　ちょうどそのとき、母親が彼を呼んだ。
　「すぐ戻ってくるからな、バカネコ」と男の子は言った。

49 その間、ミク、ヒロ、Ｎ、クロはレストランの裏で待っていた。ルルのために何かする前に、彼らは何か食べておく必要があった。比較的まだ早い時間だったので、ゴミはまだ出ていなかったが、中からただよってくるにおいは素晴らしかった。
　「きっとかなりいいレストランに違いありません」とヒロが言った。「これはきっと鮭のにおいです」
　「それにクリーム」とミクが言った。「おなかペコペコで我慢できない」
　「オレは早く食べちまいたい」とＮは言った。「ルルはオレたちを必要としてるんだ」
　彼らは待ち続け、とうとうレストランの従業員がかなり大きい袋二つを持って出てきた。彼はそれらをゴミ置き場に置いた。彼が中に戻るとすぐ、ネコたちはそこに向かって走った。

50 ネコたちは歯で袋をちぎって破った。クロはハッピーではなかった。彼はのらネコになったことがなかったので、こういうことをしたことがなかったのだ。
　「まじで？」と彼は尋ねた。「これを食べるのか？　ゴミを食べるとガンになる危険性が高まるんじゃないのか？」
　「大丈夫です」とヒロは言った。
　「食べろ」とＮが言った。「早くしろ」
　「でもこれって盗みじゃないのか？」とクロは尋ねた。「このゴミはオレたちに与えられたわけじゃないぞ。これは犯罪だと思うがな」
　「おなかがすいているもの！」とミクは言った。
　「だからって犯罪行為をしていいわけじゃない！」
　「もちろんよくない」と新しい声が言った。

51 驚いて、ネコたちはみな同時に振り向いた。数匹ののらネコが彼らの後ろにいた。のらネコたちはみんな大きくて強そうで、危険な感じだった。ミクは背中の毛が逆立つのを感じた。一つ彼女が確信していることがあるとすれば、このネコ集団は違法行為に関してたくさんの個人的な経験があるだろうということだった。
　「あっしの名前はスミと申します」とリーダーのネコが言った。彼はその名のとおり炭のように黒く、緑の鋭い目をしていた。彼は周りのネコたちをあごで示した。「こい

つらはあっしの仲間で、ヤマ、マツ、モトでやんす。お目にかかれて光栄でございんす」
「仲間?」とヒロが尋ねた。「一緒に働いてるってことですか?」
「ま、ある意味、そういうことでやんす」とスミが言った。彼は自分の意見を改まって言うくせがあった。それはなぜか彼をより一層危険な存在に思わせた。「お前さんたちが何をしようとしているのか、尋ねてもようございんすか?」
「えーと、僕たちは——」
「黙れ」とヤマが言った。

52 ある意味、ヤマは山だった——というのも、彼は巨大だったからだ。彼は自動車でも止められそうに見えた。自動車を食べることもできそうだった。
スミは言った。「ヤマ、礼儀をわきまえるんだ」そしてミクとほかのネコたちに言った。「申し訳ないですが、ヤマは少々怒り気味なんでござんす。それでぶっきらぼうな話し方をしちまうんです。こいつは、あっしのようにわかってないんです。そちらさんたちは新参者なんで無礼な行動を取ってるってことが」
クロが小さい声で言った。「無礼な行動って何のことだ?」
「もちろん、食べ物を盗むことに決まってます」とスミが言った。彼は後ろにあるゴミを指した。「ようござんすか、この食べ物はみんな王様の所有物なんす」

53 混乱してヒロは言った。「王様?」
「はあ、王様でござんす」と当たり前のようにスミは言った。「だもんで、この食べ物は手を付けないでそのまま置いておくことを強くおすすめするっきゃないでござんす。そうでないと、ヤマが何らかの形でそちらさんを痛めつけようと思うかもしれません。保証しますが、それはきっととても不快な経験になること請け合いでやんす」
「オレたちを脅しているのか?!」とNが尋ねた。
「え〜と……そうっす」とスミが言った。
クロがミクにささやいた。「あのさ……走って逃げ切れるか?」
Nとヒロが、ヤマやその他のネコの大きさにかかわらず、戦うための心の準備をしていることがミクにはわかった。彼女は彼らが勝つ確率はかなり低いと思った。不安にかられて、彼女は突然自分である考えを思いついた。
Nの前にすっと立ちはだかって、彼女はスミに言った。
「その王様ってネコに会ってみたいわ!」
「何だって?!」とクロは驚いて言った。
スミは危険な笑みをミクに見せた。
「お望み通りに」と彼は言った。

54 スミと彼の一味は、ミクとほかのネコたちを都会のごちゃごちゃした道に導いて行った。ここには何千もの店があるように見えた。明るい光とあらゆる色のネオンサインがあった。いくつかのドアの向こうでは、人が歌を歌っていた。その他のドアの向こうでは、人が笑ったり叫んだりしていた。
「これが本物の東京なんだわ」とミクは思った。シャトー・ドゥ・シャに住んでいた

ので、彼女は本当の都会生活がどんなものか全然わかっていなかった。でも今はよくわかった。それはバタバタしていて、騒がしくて……分別がない感じだった。
「こいつらオレたちを殺す気だぜ！」とクロがささやいた。「おかしいんじゃないか？何を考えてたんだ？！」
「わからない」とミクは認めた。「ただ……この『王様』が私たちを助けてくれるんじゃないかなと思って！」
「オレたちが何をするのを助けてくれるんだ？」
「ルルを見つけることに決まってるでしょ！」
「やっぱりおかしくなっちまったんだな！」とクロが言った。
そうだろうか？ これはすべて大きな間違いなのか？ ああ、今となっては手遅れだった。彼らは結果がどうなろうと、それに対処するしかなかった。

55 突然、スミは2軒の古いビルの間の細い道を左に曲がった。ミクと仲間たちは緊張しながらついて行った。ここは暗くて、出口がないように見えた。
心配してヒロが聞いた。「どこに行くんですか？」
「ここで待ってな」とスミが言った。
クロはミクにささやいた。「聞いたか？ もうおしまいだ！」
しかしそのとき、彼らは大きな叫び声を聞いた。「そこをいるのは誰だ？！」
大きな材木の後ろから2匹の新しいネコが現れた。彼らの目は暗やみで光って、訪問者を探し求めた末に見つけたようだった。
「何の用だ？」とネコの1匹が乱暴に聞いた。
「あっしの後ろにいるネコたちが王様を探しているんでやす」とスミが言った。
「合い言葉は？」
「プリンセス」とヤマが言った。
一瞬、ミクはヤマが自分に話しかけたのかと思った。「プリンセス」はかつてある意味、彼女のニックネームだった。でも、いや——「プリンセス」は合い言葉だった！ 2匹の新しいネコは脇に寄って言った。
「入れ」

56 大きい材木の後ろには小さいドアがあり、誰も使っていないビルに通じていた。周りを見回してミクは自分の見ているものが信じられなかった。中にはものすごい量の食べ物があった。床から天井まで、食べ物が至る所にあった。新鮮なチーズ、魚、肉が見えた。大量の典型的なキャットフードは言うまでもなく、同じぐらい数えられないほどのツナ缶や鮭缶があった。
「ここは……天国か？」とクロは驚嘆して聞いた。
「ここは入り口にすぎないっす」とスミが言った。

57 ネコたちはビルの中へと進んで行った。隣の部屋では数匹のすごくきれいなメス猫たちが何か食べたり、眠ったり、そうでなければ大きくて柔らかいクッションの上でのんびりしていた。

「夢を見ているに違いない」とクロは言った。「こんな所が本当に存在するのか？」
「まったくです」とヒロが言った。「わあ！」彼はミクが目を細めて彼のことをにらんでいるのに気づいた。彼は彼女に言った。「ええと、食べ物のことを考えていたんです」
「そうよね」とミクは言った。
　次の部屋には、とてもとても座り心地がよさそうな巨大なソファ以外は何もなかった。ネコたちは立ち止まった。スミが叫んだ。
「ネコの王様、今まで存在したネコの中で最も偉大なネコ様、スミでやんす。殿下のお眼鏡にかないますならば、面会者が来ております」
　数分間の沈黙があった。そして聞き覚えのある声がした。
「ああ、ああ、今行く」
「王様」が角から現れたとき、ミクは今までの人生で最大の衝撃を受けた。

[58]「タカ！」ミクとヒロは同時に言った。
　それは本当に彼、彼らを東京に導いてくれたネコだった！　彼は少し太っていたが、それ以外はミクが覚えていたタカのままだった。「ヒロ！」と彼が言った。「ミク！　どうしてた？！」彼は彼女を近づいて見た。「太ったか？」
　ヒロは彼女をちらりと見た。「は？」
「太ったですって？　あなたこそ！」とミクがタカに言った。そして彼女は急いで話題を変えた。「もう二度と会えないと思ってた！　信じられない！」
　スミも信じられなかった。「そちらさんたちは王様のお知り合いで？」
「いい友達さ！」とタカが言った。「久しぶりだな。ヒロとプリンセス・ミク」
「合い言葉の背後の女性」とヤマがささやいた。

[59] スミはミクの前の床にひれ伏した。
「申し訳ございません！」と彼は叫んだ。「そちらさんを通りで見かけたとき、王様のお相手のプリンセスだとは全く知らなかったんす！」
　タカが言った。「いや、まあ、実際は──」
「おなかがおすきでしょう！」とスミが続けた。「食べる機会を差し上げませんでした！　どうぞ、何がいいですか？　シャケ？　ミルク？　ネズミ・ケーキですか？」
　ミクは空腹だということを否定することはできなかった。「シャケとミルクを。ありがとう」と彼女は言った。「ネズミ・ケーキはまたにします」
　スミは飛び上がった。「もちろんです！」と彼は言った。
「ほかのみんなのぶんも」とタカはヒロ、クロ、Ｎのことを示して言った。
「もちろん！　すぐ戻ってきます！」
　スミ、ヤマと残りの仲間たちは急いで出て行った。
「あいつら、いつもああなのか？」とクロが聞いた。
「そうだな」とタカが言った。
「タカ、ここで何をしているんですか？」とヒロが尋ねた。「なぜ彼らはあなたを『王様』と呼ぶんですか？」
「話すと長くなる」とタカが言った。

60 ネコたちは巨大なソファに座ってタカの話を聞いた。
 「あの２匹の犬との駅での出来事を覚えてると思うが」と彼はミクとヒロに言った。
 「決して忘れられません」とヒロが言った。「もちろん、Ｎとクロはそこにはいませんでしたが」
 「そうだったな」Ｎとクロに向かってタカは言った。「話を以前に戻そう。オレたちは東京に行く途中だった——オレとミク、ヒロともう一匹のネコ」
 「ルル」とＮが暗い口調で言った。
 「そうだ。この話を知ってるのか？ とにかく、ヒロはその前に起きた出来事でケガをしていた。それでオレたちは駅のホームの下で休んでいた。そこで２匹の大きい犬がオレたちを見つけた」
 「電車の車輪の横の棒に飛び乗るということを思いついたんです」ヒロが言った。「私たちは乗ったんですが、電車は逃げられるほど速くは動いてなかったんです。タカは私たちを救うために犬を襲ったんです」
 「そしてお前たちがいなくなった後」とタカが言った。「すごいトラブルに巻き込まれたんだ」

61 「犬たちは駅で、オレをグルグル追いかけた」とタカは言った。「とうとう疲れ果てて、走り続けられなくなった。オレはどうしたら、犬たちがオレを殺すのを止められるか見当がつかなかったんだが、もう疲れすぎて考えている場合じゃなかった。電車の下で止まって言った。『捕まえに来い、バカ犬どもめ！』」
 「２匹ともオレに飛びかかってきた。でもちょうどそのとき、電車が動き始めた。それで犬は電車の棒で頭を打ってひっくり返ったんだ」
 「ラッキーとはこのことですね！」とヒロが言った。
 「ほんとだな」とタカも同意した。「オレはしばらくあいつらを見ていたが、起き上がる様子はなかった。ほとんどのネコならここで去っただろうが、なぜかオレは去らなかった。オレはじっと見続けた。でも、彼らはまだ起きなかった。しまいにオレは見るのに飽きて、あいつらのところに歩いて行った」

62 「へえ」とクロは言った。「オレがそんなことする可能性はゼロだな」
 「確かに少々バカなことだった」とタカも認めた。「あいつらは死んじまったと思ったんだと思う。でもそこに歩いて行ったら、犬の１匹が頭をちょっと動かしたんだ。ほんとにかすかだった——オレもほんとに見えたかどうかわからないぐらいだった。そしてそいつは目を開けた」
 「『何が……何が起きたんだ？』と彼は言った」
 「どうもそいつは何も覚えてないようだったんだ！ 急にオレにはいい考えが浮かんだ。オレがそいつと友達とけんかして、ぼこぼこにしたとそいつに言ってやったんだ」
 「『あなた……あなた様はあらゆるネコたちの王様に違いありません』とそいつは言った」
 「『う〜ん……ああ……その通りだ』とオレは言った」
 「そいつがまた口をきいたとき、ちょっと怖がってるように聞こえた。そいつはささ

241

やいた。『私を殺すつもりですか？』と」
　「状況をオレの有利になるよう利用してやろうと決めたのは、ちょうどそのときだった」とタカは言った。

63 「オレは犬を見下ろして言った。『殺すかもしれんし……殺さないかもしれん』」とタカは言った。「『お前の行動次第だ。これからオレの言うことを何でも聞くなら、生かしてやろう』ってね」
　「犬は急いで起き上がった。『ああ、ありがとうございます』と彼は言った。『ありがたや、ありがたや、偉大な王様。あなたの命令は何でも聞くことを約束します』とね」
　「『そうした方がいいぜ』とオレは乱暴に言った。『命がかかってるんだからな』と」
　「オレはまだ寝ているもう1匹の犬のことが少し心配だった」とタカは認めた。「でもそいつが目を覚ましたとき、そいつもオレのいうことを何でも聞くって同意したんだ。それで、簡単に王様になったってわけだ！」

64 「信じられない！」とミクは言った。
　「全く、その通りです」とヒロも同意した。「でもどうやってここ、東京に着いたんですか？」
　「犬が連れてきてくれたんだ！」とタカが言った。「しばらくかかったが、2匹のうち1匹は東京出身だった。犬は必ず最終的には自分の家に帰るもんだからな」
　「それは本当だな」とクロが認めた。「でも犬に頼るなんてオレには絶対できないな。緊張しまくっちまうだろうな。どこか遠くから東京まで犬2匹の隣を歩くなんて絶対できっこないな」
　「だれが歩くなんて言った？」とタカが言った。「オレはあいつらにオレを運ばせたんだ！」

65 「犬があなたを運んだ？」ヒロが尋ねた。
　「ああ、本当さ！」とタカが言った。「人間が馬に乗るみたいにな。ちょっと面白かったぜ。それに役にも立った。だって東京に着いて、ここのネコたちが2匹の犬をオレがコントロールしてるのを見たとき、ネコたちもオレが王様だと思ったんだ。彼らはオレに食べ物や、クッションやいろんな物を持ってき始めた。それで、こんなふうに、結局オレも東京で天国を見つけたってわけさ」
　ミクはそれを否定することはできなかった。スミとヤマは牛乳とたくさんのシャケを持って入ってきた。事実、缶を次から次へと持ってきた。
　どうやって缶を自分たちで開けたんだろう？
　ミクはそのことを考えるにはおなかがすきすぎていた。数分間、彼女とほかのネコたちは黙って幸せな気持ちで食べた。それからヒロは何かを思いついたかのように、頭を少し上げた。

66 「話を戻してもいいですか？」とヒロがタカに聞いた。「東京に来たとき、2匹の犬があなたの支配下にあったと言いました」

「そうだ」とタカが言った。
「ということは犬はまだあなたと一緒にいるってことですか？　今も？」
「もちろん」とタカは言った。「事実、やつらは今、隣の部屋にいるぜ」そして彼は叫んだ。「バカ１号！　バカ２号！」
すぐに２匹の巨大な犬が走ってやってきた。
「はい、王様？」と１匹が言った。
「何かできることがありますか、王様？」ともう１匹が尋ねた。

67 「うわあああああ！」
ミク、ヒロ、Ｎ、そしてクロは恐怖いっぱいの目で飛び上がった。大きな犬が彼らをちらりと見た。タカは笑った。
「心配するなって」と彼はミクやほかのネコたちに言った。「犬どものことはオレが扱えるって」そして彼は「バカ１号」と「バカ２号」に言った。「これはオレの友達だ。絶対にどんなことがあってもケガをさせちゃならない。わかったか？」
「はい、王様」とバカ１号が言った。
「絶対ケガをさせないこと」とバカ２号が言った。「はじめまして」
「ええと……こちらこそ」とヒロが言った。
タカが犬に行っていいと言うと彼らは走って出て行った。「な？」と彼は言った。「扱えるって言っただろ。とにかくこれでオレの話は聞いたな。それで電車での出来事の後、お前らには何が起きたんだ？　そういえば、ルルはどこだ？」
「実は」とミクが言った。「それが私たちがここにいる理由なの」
そして彼女は彼に話を全部話して聞かせた。彼女が話し終えたとき、タカは飛び上がった。「すぐに言ってくれればよかったのに！　彼女を助けなきゃ！　行くぞ！」

68 一方、マンションの９０２号室で、男の子はとてもとても静かにしていた。でもルルは、今もなお彼の存在を感じることができた。彼女は男の子のクロゼットの中にある箱の後ろの狭い場所に隠れていた。箱はキャビネットの上の棚にあり、床から高い場所にあったので、彼がそこを最初に探すことはないと思われた。
でも、最終的には彼は彼女を見つけるだろう。
彼女の唯一の希望は、彼がベッドルームのドアを開けて、よそ見をしてくれることだけだった。そうしてくれれば、彼に存在を気づかれず、飛び降りて部屋を出られるかもしれなかった。
もちろん、問題はそれからどうするのか、だった。どうやってマンションから逃げられるだろう？　彼女はその問題について何度も何度も頭の中で考えたが、解決法はまだ思いつかなかった。

69 ルルは部屋の中が見えるように、片側に身を乗り出した。男の子は野球のバットを手に持っていた。彼は彼女がそこにいるかもしれないと思って、服の山やその他の物をバットでつついていた。彼女が見つからなかったので、彼は机の前に歩いて行った。彼女は机の上にも下にもいなかった。彼は右の方に体を曲げて、机と壁の間のすき間をのぞ

243

いた。そこにもルルはいなかった。
　彼は彼女が部屋にいることはわかっていたが、どこにいるかはわからなかった。彼は怒ってバットで机をたたいた。バン！　その音はとても大きかったので、ルルは思わず飛び上がった。すごい恐怖に襲われて、彼女はまた箱の後ろに頭を戻した。

70 男の子は叫んだ。「どこにいるんだ、バカネコ！」
　ルルは男の子がだんだん近づいてくる音を聞いて、恐怖で震えた。なぜこんなことが彼女に起こっているのか？　彼女は一度は逃げたのに！　自由だったのに！　それなのに今はこんな目に遭ってるなんて！
　公平じゃない！
　ネコの中には一生平和に暮らすネコもいるのに。彼らはトラブルに全然遭わないのに。でも彼女は、なぜかひどい男の子に一度ならず二度もつかまっていた！
　「人生って公平じゃないのよ」と彼女の母親はよく彼女に言っていた。彼女の母親がよく言っていたことの中で、それは彼女が一番好きでないものだった。実際、彼女はその文が嫌いだった。人生はこれまでは公平じゃなかったけど、これからは公平であるべきだわ！
　男の子はクロゼットにやってきて、手当たり次第あれこれバットでたたいていた。彼は大きな音を立てていた。突然、ルルはドアが開く音を聞いた。
　「何をしているの？！」と男の子の母親が言った。

71 「やめなさい！」と男の子の母親は言った。「どうしたっていうの？！」
　彼女はバットを男の子から取って床に投げた。それから彼に向きを変えさせて、おしりを手で何回かたたいた。その結果、男の子は泣き始めた。
　まだクロゼットの箱の後ろに隠れていたルルは、この光景を見ることはできなかった。でも声や音は聞こえた。彼女が最初に感じた気持ちは安堵だった。が、彼女は悲しくもあった。彼女はだれもたたかれてほしくなかった。あの男の子でさえも。
　とうとう彼女は二人が部屋を出て行く音を聞いた。彼女は念のため、もう少し待った。それから箱の角から様子を見るために身を乗り出した。部屋にはだれもいなかった……それにドアが開いていたのだ！
　今、まずすることは出て行くことだった。クロゼットから飛び降り、ルルは開いているドアに向かって走った。

72 ドアのすぐそばで彼女は立ち止まり、前に身を乗り出した。廊下にはだれもいなかった——それは幸いなことだった。彼女の計画は、マンションの（902号室の）玄関のそばに隠れる場所を見つけることだった。そしてだれかがドアを開けたら走って逃げるつもりだった。
　それは最良の計画とはいえなかった——実際、よくない点がたくさんあった。一番よくない点は、もちろん隠れる場所がどこにもないかもしれないことだった。でも今のところ、それだけが彼女の唯一のアイデアだった。
　彼女はできるだけ静かに廊下を移動した。彼女は壁になるべく近づいて移動するよう

にもした。でも壁は白く、彼女は黒かった。そばを通りかかる人はだれでも彼女を見つけることができただろう——それがこの計画のもう一つのまずい点だった。
　「これは絶対うまくいかないわ」と彼女は思い、急にまた怖くなった。「男の子のクロゼットにいた方がよかったわ。戻った方がいいかも！」

73 緊張していたけれど、彼女は最初の計画を実行することにした。幸運にも玄関のドアは、家族のみんながいるであろうリビングルームのドアから遠かった。彼女は父親も母親も男の子にどなっているのを聞いた——これは彼女のチャンスかもしれなかった！
　とうとう彼女は玄関口までやってきた。すぐに彼女は隠れる場所になりそうな場所をいくつか見つけた。最も可能性があるのは、家族の靴が入っているげた箱だった。だが戸は閉まっていた。彼女は戸を開けようとしたが、開けることはできなかった。彼女の次のアイデアはコートのポケットの中だったが、ポケットはどれも小さすぎるようだった。母親のブーツも小さすぎだ。
　時間がかかりすぎていた！　彼女は何か見つけなければならなかった。急いで！

74 彼女はパニックに陥りそうになったので、深呼吸を何回かした。ネコでさえ、深呼吸はリラックスする効果的な方法だと知っていた。彼女がまたちゃんと考えられるようになったとき、傘立てが多分隠れるのによい場所だと気がついた。まず、それは十分大きかった。それから、そこにはあまりたくさんの傘は立ってなかったので、居心地が悪くなさそうだった。一番いいことは、そんな所を探そうと思う人はいなさそうだった。
　彼女はそこに行くことにした。彼女は傘立ての上に飛び乗ったが、彼女は重すぎた。大きな音を立ててそれは床に倒れた。男の子と両親は走って玄関にやってきた。
　逃走はもう終わりだった。

75 ルルは知らなかったけれど、そのとき、ミク、ヒロ、クロ、Ｎはマンションの建物の前でタカと犬を含む、彼の一味の何匹かに建物を見せていた。
　「これは複雑な問題なんだ」とクロが言った。「解決するのは容易じゃないと思う。まずこの建物を守っている人間どもは巨大な怪物だからな。正面ドアから入ることは不可能だし。だから、それは可能性から外して考えないといけないと思うんだ」
　ヒロは反対した。「人間も私たちと同じようにいつかは寝なければなりません。後になるまで待ってそれから中に入りましょう」
　「そしてどうするつもりだ？」とタカが聞いた。「こんな大きい家にオレは行ったことがある。中には本当にたくさんの人間が住んでいて、ドアも窓もたいてい全部閉まったままになってるんだ。この点よく考えなきゃならん。これは本当にオレが思っていたより複雑だな」

76 Ｎはみんなが何かをするのを待ちに待ち続けた。そして彼はそれ以上我慢することができなくなった。
　「だめだ！」と彼は言った。「複雑じゃない！　とても簡単だ。ルルはこの中にいる」——彼はマンションのことを言っていた——「そして彼女はオレたちの助けを必要とし

ている。今すぐ！」
　彼は歩き始めた。「太ったバカなネコのアドバイスを聞くのを待ってなんかいられない」
　「オレのことを言っているのか？！」とタカが言った。
　彼はNに飛びかかって、間もなく彼らはけんかを始めた。通りの真ん中で。

77 グループの中のネコ２匹がけんかを始めると（これについては人間が２人でも同じだろうが）ほかの者もけんかし始めるのに長くはかからなかった。そのうちすぐに、ヤマから逃げようとしているクロとミクを除いて、ネコはみなマンションの前で戦い始めた。
　「やめて！」と彼女は叫んだ。「落ち着いて、みんな！」
　彼女の言うことを聞く者はだれもいなかった。それは彼女を怒らせた。それに彼女はなぜかあまり気分がよくなかった。タカの所で食べ過ぎたのだろうか？　おなかを治すための温かいミルクがあればいいのに、と彼女は思った。
　彼女は思いつかなかったのだ——そのときは——おなかの問題について別の理由があるかもしれないことを……。

78 ミクがけんかをどうやって止めようかと悩んでいる間、バカ１号と２号の２匹の犬は話をしていた。
　「ベル・ゲームを覚えてるか？」とバカ１号が尋ねた。
　「いてて！」とバカ２号が言った。「あのゲームをするといつも頭が痛くなったんだよな」
　「オレも」とバカ１号が言った。「でもやってよかったよな。あのゲームの後はいつも少なくともネコを１匹つかまえたものな」
　ミクは彼らの言うことを耳に挟んで、言った。「何の話をしているの？」
　「さして重要なことじゃないっす！」とバカ１号が素早く言った。
　「そう、わざわざ言うほどのことではないっす！」とバカ２号が言った。彼らは２匹とも緊張して、Nと戦っているタカの方を見た。
　「教えて」とミクはあきらめずに言った。
　犬がとうとう説明してくれたとき、彼女はとても興奮し始めた。
　「ルルの助け出し方がわかった！」と彼女は叫んだ。

79 ネコは全員けんかをやめた。
　「は？」とタカとNが言った。
　「何のことを言ってるんですか？」とヒロが言った。
　ミクに促されて、犬たちはベルゲームについて説明した。人間界の大きな建物にはみな各階に特別な赤いベルがついているらしかった。このゲームをするには、頭でベルをたたかなければならなかった。
　バカ１号がやってみせた。「こんなふうに！」と彼は言った。彼はジャンプして壁の赤いサインを頭でたたいてみせた。「いてぇ〜」と彼は叫んだ。
　「これはどういうバカなゲームなんだ？」とクロは言った。

「面白いですぜ！」とバカ２号が強く言った。「ベルをたたくと、大きい、大きい音がするんです。そして人間どもは全員走って出てくるんです。こんなふうに！」
　犬たちは人が走る様子をまねてみせた。彼らはタカが止めるまで後ろ足で立ってぐるぐる走ってみせた。
　「よし、わかった！」と彼が言った。「でもルルを助けることとこれが何の関係があるんだ？」

80 ミクは欠けている情報を足した。「人が走って出てくるとき、彼らはいつだってペットも連れてくるのよ！　ってことは男の子と母親はルルを外に連れてくるはずよ！」
　「だれがこのゲームをお前らに教えたんだ？」とクロは犬たちに聞いた。
　「オレたちの前の飼い主」とバカ１号が言った。
　「面白いっすけど、オレはいつも頭痛と結びつけてしまいますぜ」とバカ２号が言った。
　「オレもです」とバカ１号が言った。「でもなぜか、人間は火事と結びつけて考えるようです。それでいつも走って出てくるんです」
　「オレたちの前の飼い主は火事が好きだったに違いねえっす」とバカ２号が言った。「ベルが鳴ってみんなが走って出てくる間に、建物によく入って行ってました。戻って来たら、いつもプレゼントを持ってきてくれたっす」
　「おかしなことに火事は見たことなかったよな」とバカ１号が２号に言った。「お前は見たか？」
　「ふ〜む」とタカが言った。

81 「こんなことを言うのは自分でも信じられないが、このアイデアが気に入った」とタカが言った。「人間どもが全員建物から出てきて、その中の一人がルルを連れて来たら、オレたちは彼女が逃げるのを手伝える」
　「絶対やってみる価値があります」とヒロが言った。
　「このゲームについてほかに知っておくことはあるか？」とタカが犬たちに聞いた。「どうやって始めるんだ？　手順はどうなってるんだ？」
　「簡単です！」とバカ１号が言った。「合言葉を言ってくだされば、オレたちが走って走ってベルを見つけます。そしてオレたちの頭でベルをたたくんです！」
　「それだけか？」とタカが言った。「それが手順のすべてなのか？」
　「それだけです！」とバカ２号が言った。

82 「それで合言葉は何ですか？」とヒロが尋ねた。
　「知りません」とバカ１号が言った。
　「オレにもわかりません」とバカ２号が言った。
　ミクは混乱していた。「知らないの？」
　「ええと、全然知らないというわけではありません」とバカ１号が言った。
　「聞けばわかるんですが、人間の言葉ですから」とバカ２号が言った。
　「そうです」とバカ１号が言った。「そしてそれを聞けばゲームをする時間だってわかるんです」

247

ネコは全員お互いを見合った。とうとうタカが言った。
「オレがお前らに、走ってベルをたたくように頼んだら、どうだ？」
犬たちはとても驚いたようだった。
「わあ」とバカ１号が言った。「いいアイデアです！」
「もちろんできます！」とバカ２号が言った。
ネコたちはみんなまたお互いを見合った。彼らはみな、これに気づくのは初めてではなかったが、犬のいわゆる脳みそが完全に大きな岩だけでできているんだなと改めて思った。

83 犬たちはゲームを始めるために並んだ。
「用意はいいか？」とタカが尋ねた。
「いいっす！」と犬たちが言った。そのとき、
「待ってください！」とバカ１号が言った。「オレたちがベルを鳴らした後、プレゼントを忘れないでくださいよ！」
「そうっす！」とバカ２号も言った。「ゲームの一部なんすから」
Ｎはまた怒り始めた。「そんなこと気にしてる時間はない！」
「どんなのがいいプレゼントなんだ？」とタカが聞いた。
「犬がいい仕事をしたときはビーフ味の堅焼きビスケットがいつも適切です」とバカ１号が言った。
「キャットフードは遠慮します！」とバカ２号が言った。
「小さいステーキいくつかでもいいです」とバカ１号が言った。
「わあ、腹がすいてきやした！」とバカ２号が言った。
「両方のアイデアを頭に入れとくぜ」とタカが言った。「さあ、用意はいいか？　行け！」

84 その間、マンションの902号室では、男の子の母親と父親が彼に怒鳴っていた。
「片付けなさい！」と父親が言った。彼はルルが飛び乗ったときに倒れた傘立てのことを言っていた。
男の子の母親が言った。「それからあのネコをコントロールして！　それとも捨ててしまった方がいいの？」
男の子は素早く傘立てを立てて傘を中に戻した。それから彼は、ドアのそばに座って震えているルルを抱きかかえた。彼の目は涙でいっぱいだった。彼は怒鳴りつけられるのは嫌だった。怒鳴られると怖くて一人ぼっちの気がした。このとき、彼はマンション以外の場所にいられるならどこでもましだと思った。
「自分の部屋に行きなさい！」と母親が叫んだ。「今度は静かにしていなさいよ、そうでないと本当に後悔するわよ！」

85 男の子は「不公平だよな」と思いながら、ルルを抱えて自分の部屋に戻った。彼の両親は彼のせいでないことについても、しょっちゅう彼のことを怒鳴った。彼を殴ったりもした。それは彼を悲しませ、腹立たしくさせた。
もちろん、彼のルルに対する態度は、両親の彼に対する態度に関係があった（動物虐

待はしばしば子供への虐待に関係している)。男の子は両親に怒りを表すことができなかったので、ネコにあたっていたのだ。ルルをいじめることで男の子は自分が強いような気がした。そう感じることで彼はひどい毎日を何とか過ごすことができていた。

彼はルルを床に置いて、彼女をたたくかのように手をあげた。怖がって彼女が飛び上がったのを見て、彼は思わず笑った。次に彼は、枕を投げつけるかのように持ち上げたので、彼女はまた飛び上がった。彼が本当に枕を投げようとしたとき、突然大きな音が響き渡った。

86 男の子はルルのことを完全に忘れて部屋から飛び出し、リビングルームに走って行った。彼の両親は音が鳴り響く中、窓の外を見ていた。それはすごく大きな音だった。

「何が起きているのかしら?」と母親が尋ねた。

「火事に違いない」と父親が言った。

「本当の火事? それともただのテスト?」

「そんなこと知らないよ」

彼らは待ったがベルは鳴り止まなかった。まもなく彼らは別の音も聞いた。男の子は興奮した。それは本当の消防車のような音だった!

「マンションから避難した方がいいかな?」と男の子の父親が聞いた。

「そうね」と母親が言った。彼女は息子を見た。「ネコを連れていらっしゃい。急いで!外に出ましょう」

87 男の子が部屋に走って入って来たとき、ルルは彼が傷つけようとしたらどんな手段を取ってでも自分を守る用意ができていた。でも彼は彼女を抱き上げて、彼の母親、父親と一緒に彼女を外に連れて行った。

彼女は控えめに言っても、とても驚いた。何が起きているのだろうか??

彼らは階段を走って下りて表に出た。数人の人がすでにそこにいた。みな興奮してしゃべっていた。

ルルも興奮していた。これで何らかの逃げる方法が見つかるかもしれない! しかし男の子は彼女をしっかり抱いていた。もし彼女が彼にかみついたら、彼は彼女を離すだろうか? 彼女がそれをやってみようとしたとき、彼女は「ルル!」とだれかが叫ぶのを聞いた。

88 ネコは何らかの形で脅かされない限り、人間を襲うことはほとんどないが、今回は特別な状況にあった。N、ヒロ、タカ、クロはみな同時に男の子に向かって飛びかかっていった。驚いた男の子はバランスをくずして転んだ。そして同時にルルを離した。ネコはみな一目散に走り去り、その後をすぐ犬がついて行った。

ルルはほとんど信じられなかった。「N!」と彼女は言った。「ミク!」彼女の目はタカの存在に気がついて余計に大きくなった。「タカ! どこから来たの?」

タカは肩越しに後ろを見た。男の子と家族は彼らの後を追ってきていた。

「説明したいのはやまやまだが」とタカは言った。「今の状況じゃあ、しゃべるのをやめてもっと速く走る必要があると思う。ここから逃げるぞ!」

89 人間も速いが、ネコや犬はもっと速い。彼らは数分間走って、暗い横道や角を通り抜けた。とうとう男の子や彼の両親が叫ぶ声はほとんど聞こえなくなっていた。まだ聞こえたがほんの少しだったので、彼らは休むために走るのをやめた。

ルルは息を荒げていた。「どうやって——どうやって私を見つけたの？」と彼女は聞いた。

「オレたちはカフェからつけていたんだ」とＮが言った。「君をあんなふうにさっと連れて行かせることはできなかった」

「あの奇妙に鳴り響く音を起こしたのはあなただったの？」

「認めるのは嫌だが」とタカは言った。「しかし、だいたいのところ、犬たちのおかげだといえるな」

「犬たち？」ルルはバカ１号と２号にまだ気づいていなかった。彼女は振り向いて彼らを見て言った。「きゃあああぁ！！」

90 タカは手短かに犬たちのことを説明したが、ルルは——彼らに慣れていなかったので——まだいくらか居心地が悪かった。犬たちもハッピーとはいえなかった。

「実は、ネコを助けるのはオレたちのおきてに反するんでさぁ」とバカ１号が言った。

「そうだ！　あっしらはネコが大嫌いなんでさぁ」とバカ２号が言った。「犬の人生で最も基本的なおきては『決してネコに親切にするべからず』ですから」

「でもお前らはオレたちに親切にしなくちゃ、だってオレは王様だぜ」とタカは言った。

「わかっていますって」とバカ１号が悲しそうに言った。「その件に関しては、あっしたちができることは何もないっす」

「そうっす。この状況下においては仕方ないっす」とバカ２号が同意した。「でもだからって、あっしたちがそのことをうれしく思う必要はないっす」

91 バカ１号は自分の気持ちを説明しようとした。「自分が知らない犬になっちまった気分っす」

「オレもです」とバカ２号が言った。「自分で自分がだれだかわかんないっす」

タカは彼らの不満を一蹴した。「そんな気分はすぐ消えてなくなるさ」と彼は言った。

彼らが話していたとき、ミクはおなかに急な痛みを感じた。その後も次々と痛みがやってきた。

ヒロは何かがおかしいことに気づいた。「どうしたんですか」と彼は聞いた。

ルルも気がついた。「ミク！」と彼女は言った。「あなたの体調のことすっかり忘れていたわ！」

ヒロは混乱した。「体調って？」

「ごめんなさい」とミクは言った。「言おうと思ってたんだけど」

「言うって何をですか？」

「そのう……私妊娠してるの」

みんなはショックを受けて、それぞれがやっていることをやめた。とうとうヒロが言った。「妊娠を定義してください」

ミクはまた痛みを感じた。「子ネコが生まれるのよ！」と彼女は言った。「それも今す

ぐ！」

|92| ネコたちはみなパニックに陥って、ミクが横になれる静かな場所を探した。だれも外にはいたがらなかった——というのも彼らはまだいくらか、ルルの飼い主が現れるかもしれないことを恐れていたからだ。でも、屋内に場所を見つけるのは簡単ではなさそうだった。狭い家々の並ぶ通りに彼らはいた。これらのどれかに入っても安全だろうか？これは重大な問題だった。

　「あそこはどうだ？」とクロが尋ねた。

　通りの先に傾斜があり、それは暗い場所に通じていた。中には大きい箱がいくつかあった。近くで人間たちが歩き回っていたが、彼らはネコたちの方を見てはいなかった。

　「あそこにしよう！」とタカが言った。「犬ども、ここにいろ！　スミおめえもだ！」

　6匹のネコ——タカ、N、ヒロ、クロ、ミク、ルル——はその傾斜を上がって暗い場所に入った。しかし彼らはすぐにこれが大きな間違いだと気づくのだった……。

|93| ネコたちは知らなかったが、近くでは会話が交わされていた。

　「お客様、これで終わりました」

　福山幸一郎はそれを聞いて安心した。引っ越し会社が家の物を全部出すのに長い間がかかったからだった。彼は外に止まっているトラックをちらっと見た。まだ後ろの扉が開いていて、道に降ろした傾斜台もまだ降りたままだった。

　「箱は全部中に入れましたか？」と彼は尋ねた。

　「ええ」と引っ越し業者は言った。業者の人は紙切れを渡した。「この用紙に署名してください。そうしたら行きますので」

　福山氏と彼の家族は東京で10年間暮らしていた。彼の会社は大阪が本社だったが、東京支社の設立を彼は手伝ったのだった。今度、会社は海外に新オフィスを作る予定で、彼らは福山氏にそこをまとめてほしいと言っていた。

　彼は海外駐在するのだった！　彼は興奮していたが……少し緊張もしていた。

|94| 福山氏は海外に住んだことがなかった。支店を任されたこともなかった。最初、彼は自分にできるかどうか自信がなかった。でも自分で考えてみたり、妻と相談したりして、新しい支店で少なくとも5年間は働く決心をした。

　「5年は大きな約束だね！」と友人の一人が言った。

　「わかっている」と福山氏は言った。「でもすごくいい機会だから、見送るって手はないと思うんだ」

|95| まず理由の一つは、それは外国生活を経験するよい機会だった。福山氏はいつも新しい場所に旅をするのが好きだった。もう一つの理由は、新支社が成功すれば、彼の会社の年間売上高が増えるはずだった——最高30％ぐらいまで多分、増加するかもしれない。もしそうなれば、彼の年収も上がること請け合いだった。倍増するかもしれない。

　彼は立ち止まり、しばらくそのことについて考えた。

　彼の契約期間が終わるまでに、毎年、今の倍の給料をもらっているかもしれなかった！

それは素晴らしい夢だった。彼はそれをかなえられるといいなと思った。

96 もちろん彼の妻は娘のことを心配した。たった５歳の美登里は東京の家以外どこにも住んだことがなかった。
「あの子、うまく友達が作れるかしら？」と彼の妻が聞いた。「言葉も覚えられるかしら？」
福山氏もこれらのことを少し心配していた。でも、それにもかかわらず、彼はすべてがうまくいくという強い信念も持っていた。美登里は強い、頭のよい女の子だった。きっと大丈夫だ。
こんなことを考えながら、彼は引っ越し業者と一緒にトラックの方へ歩いて行った。彼は業者のことも信用していた──彼は業者が安全に荷物を運んでくれると確信していた。
彼は業者が傾斜台をトラックから取り外してドアを閉めるのを見ていた。そのときだ。
「何か音がしたかね？」福山氏が聞いた。
業者は首を横に振った。
「何でもないな」と彼は言った。

97 ミクは泣いた。ほかのネコは彼女が楽になるように力を尽くしたが、子供を産むことは痛みを伴うことだった。すごい痛みだった。ミクはその痛みの強さに対して心の準備ができていなかった。彼女はまた泣いた。
そのとき、大きな音がした。それは大きなドアが閉まるような音だった。一瞬、とても暗くなった。そして小さい非常ランプが隅っこで点灯したので、限られてはいたがネコたちは少し見ることができた。
「ああ！」とミクは言った。彼女の声はそれまでと違っていた。
ネコたちはみな下を見た。

98 今、新しいネコが１匹彼らと一緒にいた。小さくて目を閉じていて、それはある種の透明な袋に覆われていた。ミクは舌でその袋を何とか破った。子ネコは息をし始めた。
それは雄ネコだった。ほかのネコたちは彼がミクの方にゆっくり動くのを見た。彼はまだ見ることも聞くこともできないようだったが、どこに行けばいいかはわかっていた。
「腹が減ってるんだ！」とタカが言った。
彼らはその小さな子ネコをしばらく見ていたが、そのとき、ミクがまた泣いた。
子ネコがもう一匹出てきた。そしてもう一匹。
ミクが産み終えたとき、新しく４匹のネコがこの世に誕生していた。

99 男の子２匹と女の子２匹だった。ミクとヒロは男の子をフカとシマ、女の子をヒカリ、モモと名付けた。彼らはミクの特徴もヒロの特徴も備えていた。例えば、フカの鼻はヒロの鼻に似ていたが、目はミクのようだった。モモはミクの耳とヒロのしっぽを持っていた。
ヒカリは特別な特徴を持っていた。ほとんどの子ネコたちは生まれたとき青い目をし

ている。子ネコたちの目の色は成長するにつれて変わるのだった。しかし、ヒカリの目は明るいオレンジ色だった。
「オレンジ色の目のネコについてどう言うか知ってるだろ？」とクロが言った。
「いいえ」とミクが言った。「何て言うの？」
「オレンジ色の目のネコは、魔法の力を持っている」とルルが言った。

|100| 「そんなの作り話です」とヒロが言った。
タカは笑った。「そのうちわかるさ」
ちょうどそのとき、彼らはエンジンの音を聞いた。彼らのいた「部屋」が揺れ始めた。
「何が起きているの？」とルルが言った。「それに私たちはどこにいるの？」
それはいい質問だった。ネコたちはミクの世話をするのに夢中で、そのことを考えている余裕がなかったのだ。ヒロとタカは調べに行った。彼らは箱でいっぱいのその小さいスペースを見回し、どこにいるのか見定めようとした。
「この箱はなんのためにあるんでしょうか？」とヒロが聞いた。
「それは後で調べよう」とタカが言った。「問題はこれだ。オレたちは何らかの乗り物の中にいると思う。オレたちは移動している」
「どこに行くんだ？！」クロが聞いた。

* * *

外では、福山氏と彼の妻と娘が引っ越しトラックに手を振っていた。
「アメリカで会おうね！」と小さい女の子が叫んだ。
「アメリカで会いましょう！」と運転手も叫び返した。
運転しながら彼はほほ笑んだ。

注と補足

　本書に載っているターゲット単語や注目表現は、いくつかの要素に基づいて選びました。
　ターゲット単語選択の主な決め手は、ネイティブによる使用頻度です。使用頻度はコーパスを分析することで決めました。コーパスとは、書き言葉や話し言葉を集めた言語学的資料のことです。しかし、それぞれの単語の使用頻度はすべてのコーパスにおいていつも共通するとは限りません。なぜなら、それぞれのコーパスは異なる資料をもとにして作られているので、単語の使用頻度もコーパスによって変わることがあるからです。さらに、単語の使用頻度をどのように数えるかによっても変わってきてしまいます。例えば、understand と understood を別の単語として数えるか、それとも understood は understand の仲間の単語として数えるか、などです。
　この本を作るために、非常に多くの単語を扱った2つのコーパスに基づく使用頻度リストを使いました。この2つのコーパスは Corpus of Contemporary American English (COCA) と British National Corpus (BNC) です。COCA は 1990 年以来見受けられるアメリカ英語の書き言葉と話し言葉を含んでおり、BNC は 1960 年から 1993 年の間に見られたイギリス英語の書き言葉と話し言葉を含んでいます。つまり、この2つのコーパスはいくつかの観点から異なる種類の英語を代表していると言えます。ですから、この2つのコーパスから作られた使用頻度リストを分析すれば、単語の使用頻度がもっとはっきりわかります。それで、この本を作る際に、マーク・デイビース (COCA) とアダム・キルガリフ (BNC) によって作成された使用頻度リストを使用しました。
　ターゲット単語をさらに絞り込むために、その単語が日本語の外来語としてなじみがあるかどうかという点も考慮しました。例えば、sensitive のような単語は平均的な日本の英語学習者にとっては、それほど難しい単語ではありません。よって、ターゲット単語候補リストと、フランク・ドールトン教授（龍谷大学）によって抽出された「英語が語源の外来語リスト」を比較し、外来語となじみのあるいくつかの単語は、ターゲット単語候補リストから省きました。
　そのほかにターゲット単語を絞り込むために、各単語の一般的な有用さも考慮しました。もちろん役に立つかどうかというのは主観的なものですが、20年近く日本に住み日本人に英語を教えてきたアメリカ人の著者と、日本および海外で英語と日本語を教えた経験のある日本人著者の経験に基づいて考慮しました。
　注目表現の選択は、ターゲット単語と比べるとシンプルな方法をとりました。これらの表現のいくつか、特にイディオムや句動詞はネイティブの使用頻度によって選びました。ほかのものは日本の英語学習者の書く文章から考察した著者の研究分析結果をもとに選びました。最後にターゲット単語と同様、注目表現の一般的な場面における有用度も選択の一要素となっています。

著者略歴

パトリック・フォス *Patrick Foss*

東京医科歯科大学教養部の英語分野准教授。ニュージーランド、ビクトリア大学ウェリントン校にて応用言語学博士号 (Ph.D.) 取得。研究テーマはコーパス言語学および英語学習者の語彙使用状況と学習過程。日本人の英語教育に20年近く携わっている。

酒巻バレット有里 *Yuri Sakamaki Barrett*

米国カリフォルニア州立大学ベーカーズフィールド校およびベーカーズフィールド・カレッジ、英語・日本語講師。関西学院大学社会学部卒業、米国カリフォルニア州立大学ベーカーズフィールド校教育学部修士課程修了。主な共著書に『日常レベルで使う数の英語表現』(ジャパンタイムズ)、『アメリカで車を運転するための完全ガイド』(三修社)などがある。

いきなり英語がうまくなる100の英単語

ネイティブの使用頻度が高い単語だけを集中マスター

2015©Patrick Foss, Yuri Sakamaki Barrett

2015年5月20日	第1刷発行

著　　者　パトリック・フォス
　　　　　酒巻バレット有里
装幀者　　石間　淳
発行者　　藤田　博
発行所　　株式会社 草思社
　　　　　〒160-0022　東京都新宿区新宿5-3-15
　　　　　電話　営業 03(4580)7676　編集 03(4580)7680
　　　　　振替　00170-9-23552

本文組版　朝日メディアインターナショナル株式会社
印刷製本　図書印刷株式会社

ISBN978-4-7942-2129-2　Printed in Japan　検印省略

造本には十分注意しておりますが、万一、乱丁、落丁、印刷不良などがございましたら、ご面倒ですが、小社営業部宛にお送りください。送料小社負担にてお取替えさせていただきます。

CD付
日本人に足りない
ネイティブの英単語１００
文脈で覚えるから「使える」「話せる」

パトリック・フォス＋酒巻バレット有里
絵＝にしむらかえ

ネイティブの使用頻度ランキング約 2,000-2,999 位の中から、
日本人がつまずきやすい英単語を 100 語厳選。
ネコたちの楽しい冒険物語を読むだけで、英語力が一気に伸びる。

四六判並製　本体 1500 円

草思社刊　＊定価は本体価格に消費税を加えた金額になります。